保育者になるための

国語表現

田上 貞一郎

萌文書林

はじめに

「生まれ変わったら、国語の教師にだけはなりたくない……」と思い続け、講演や授業で話して30年余が過ぎました。そう思えるくらい国語教師の担当範囲は多岐にわたり、極めにくい面を持っているのです。

みなさんも保育者になると、国語とは切っても切り離せない毎日になります。高校生時代、数学が得意な人は賞賛され、尊敬もされたと思います。しかし、保育者に数学は100％近く無縁です。就職後は常に国語力が問われます。きれいな会話はもちろん、読み書き、正しい文章が書けると「すばらしい先生だ」と上司や保護者から尊敬されるでしょう。

本書には、次のような特色があります。

①常用漢字の範囲で執筆し、範囲外の漢字にはルビを振りました。これは、社会人として、また保育者として常用漢字が駆使できれば大丈夫だからです。
②各ページの下に「Memo」欄を設け、ノートと兼用できるようにしました。テキストとノートが別々であると、確かめたくなったときや卒業後にノートが行方不明で困ったという私の体験から生まれたアイデアです。
③保育者になるための国語表現のすべての分野を網羅しました。「会話」「文章」はもちろん、「実習日誌」「指導案」「連絡帳」、さらに「実習礼状の書き方」にまで言及してあります。本書をマスターすると、学生時代はもちろん卒業後も国語表現で困らないように配慮しています。
④それらを定着させるために「保育者としてよい国語表現をするために」という心構えを冒頭に配してあります。よい国語表現をするための基本に、豊かな知識や教養は不可欠と考えたからです。
⑤「コラム」「ミニ知識」「エピソード」でアクセントをつけ、本文の理解を助けています。特に「エピソード」は、保育現場で活躍している先生方からの生の声を集めてあるので、先輩からのアドバイスとして素直に受け止めていただきたいと思います。
⑥「演習問題」も本書ならではの企画と自負しています。授業で学んだ事柄を「演習問題」で確認し、より確かな知識として定着することをねらっています。

本書のタイトルが「国語表現」となっていることに疑問を持つ人も多いかと思います。以前に「就職に役立つ　日本語表現法」を出版しているので、混乱を避けるために「国語表現」といたしました。

本書が多くの養成校で採用され、優れた保育者養成の一助となれば、著者としては望外の喜びです。

最後に、激務の中、保育現場の声を寄せていただいた先生方、校正にご協力いただいたみなさんに心から感謝申し上げます。

2018年3月

田上　貞一郎

Contents

序章 保育者としてよい国語表現をするために　10

(1) 新聞を読もう 10
(2) 大いに旅行せよ 11
(3) 鋭い観察眼を持て 12
(4) 疑問を持ったら調べよ 12
(5) 新しい友人を作れ 13
(6) 積極的に生きる 13
(7) よい保育者になるためのたった1つの秘策 14
(8) 今日できることは今日やる ～自立した保育者になるために～ 15

序章 保育者を目指すみなさんへ ～現場からの生の声～　17

第1章 会話表現《基礎編》　19

1 聞き取りやすい話し方の基本　20

(1) 発音・発声を正しく 20
(2) アクセントに注意する 22
(3) 話すスピードに気をつける 22
(4) ポーズ(間)の取り方も大切 23

2 あいさつ　24

(1) 明るくあいさつする 24
(2) あいさつのトレーニング法 24
(3) 緊張したときのあいさつ 24
(4) 「お疲れさま」と「ご苦労さま」の使い方 25
(5) 返事もはっきりと 25
(6) あいまいなあいさつ 25
(7) 視線をそらさない 25

3 敬語の使い方　26

(1) 尊敬語 26
(2) 謙譲語 27
(3) ていねい(丁寧)語 27
(4) 美化語 28
(5) 言い換える形 29

第2章 会話表現《応用編》　31

1 保育者の発声　32
(1) 適度な高さで ……………………………………………………… 32
(2) 正しい発音で ……………………………………………………… 32

2 自己紹介の仕方　33
(1) 自己紹介を作る要素 ……………………………………………… 33
(2) 共通する留意点 …………………………………………………… 34
(3) 実習初日の先生方を対象とした自己紹介 …………………… 34
(4) 子どもを対象とした自己紹介 ………………………………… 35
(5) 年度初めの保護者を対象とした自己紹介 …………………… 36
(6) 研修先での自己紹介 ……………………………………………… 36

3 実習先との話し方　37
(1) アポの取り方 ……………………………………………………… 37
(2) オリエンテーションでの話し方 ……………………………… 37
(3) 実習中の話し方 …………………………………………………… 38
(4) 子どもとの話し方 ………………………………………………… 38
(5) 保護者との話し方 ………………………………………………… 39
(6) 守秘義務 …………………………………………………………… 39
(7) 就職希望を聞かれたら …………………………………………… 39

4 保育現場での話し方　40
(1) 愛情を持って話す ………………………………………………… 40
(2) 子どもの呼び方 …………………………………………………… 40
(3) 言葉を選ぶ ………………………………………………………… 41
(4) 短い文で …………………………………………………………… 41
(5) 若者言葉 …………………………………………………………… 41
(6) 貧弱な言葉 ………………………………………………………… 42
(7) 指示代名詞 ………………………………………………………… 42
(8) 紋切り型 …………………………………………………………… 42
(9) 感性を磨く ………………………………………………………… 42

5 子どもへの言葉かけ　43
(1) 言葉かけ …………………………………………………………… 43
(2) 繰り返しの言葉かけ ……………………………………………… 43
(3) 否定的な言葉かけ ………………………………………………… 44
(4) よく聞く …………………………………………………………… 44
(5) 話を引き出す ……………………………………………………… 45
(6) 話の輪を広げる …………………………………………………… 45

6 就職面接　46

(1) 事前の準備 …………………………………………………… 46
(2) 面接中 ……………………………………………………… 47
(3) 実際の質問例 ……………………………………………… 48

7 保護者との話し方　51

(1) 基本的な姿勢 ……………………………………………… 51
(2) 細かい留意点 ……………………………………………… 52
(3) 人前での話し方 …………………………………………… 53

8 保育現場での電話　55

(1) すぐ名乗る ………………………………………………… 55
(2) 保護者の職場に電話する場合 …………………………… 55
(3) 保護者の自宅に電話する場合 …………………………… 55
(4) 電話応対時のメモの取り方 ……………………………… 56
(5) 電話の留意点 ……………………………………………… 56

第3章　文章表現《基礎編》　57

1 文字を正しく書こう　58

(1) ペンの正しい持ち方 ……………………………………… 58
(2) 仮名を正しく ……………………………………………… 60
(3) 字形の誤り ………………………………………………… 60

2 正しい表記で書こう　62

(1) 現代表記 …………………………………………………… 62
(2) 誤りやすい用字用語・慣用句 …………………………… 63

3 文章作成上の留意点　66

(1) 当て字に注意する ………………………………………… 66
(2) 差別語、不快用語、隠語は用いない …………………… 68
(3) 記号の使い方 ……………………………………………… 69
(4) 重複表現は避ける ………………………………………… 71
(5) 同じ言葉を多用しない …………………………………… 71

4 文章の基本的な書き方　72

(1) 短文で書く ………………………………………………… 72
(2) 文末に注意する …………………………………………… 73
(3) 句読点の打ち方 …………………………………………… 74
(4) 段落の作り方 ……………………………………………… 74
(5) 引用文の書き方 …………………………………………… 75
(6) 事例の引き方 ……………………………………………… 75
(7) 見た目も大切 ……………………………………………… 75
(8) 読み手に思いやりを ……………………………………… 76

第4章 文章表現《応用編》 77

1 実習日誌の書き方 78
- (1) 実習の種類 78
- (2) なぜ、実習日誌を書くのか 78
- (3) 注意したい用語表現 79
- (4) 書くときの留意点 80
- (5) その他の留意点 81

2 指導計画の書き方 88
- (1) 指導計画の種類 88
- (2) 計画する際の留意点 89

3 実習礼状など手紙・ハガキの書き方 93
- (1) 実習礼状 93
- (2) 採用試験の問い合わせハガキ 100
- (3) 内定先へのお礼状と年賀状 101
- (4) 往復ハガキ 103

4 メールの書き方 104
- (1) 共通する利点 104
- (2) 基本的なスタイル 104
- (3) 共通する注意点 105
- (4) Eメール 105
- (5) 携帯メール 105
- (6) 携帯電話のメール設定を確認する 106

5 履歴書の書き方 107
- (1) 書く前に 107
- (2) 実際に書く 107
- (3) 自己紹介書(身上書) 108
- (4) その他の留意点 108
- (5) 就職試験の書類に添える送り状 109

6 小論文の書き方 112
- (1) 原稿用紙の書き方 112
- (2) 作文と小論文の違い 116
- (3) 就職小論文を書く形 116
- (4) 過去に出題されたタイトル 117
- (5) 構成を考えて書く 118
- (6) 市毛式の注意点 119
- (7) 小論文上達の秘訣 121

7 連絡帳の書き方　125

(1) 主な長所 ……………………………………………………… 125
(2) 主な欠点 ……………………………………………………… 126
(3) 書く上での留意点 …………………………………………… 126
(4) 書く内容 ……………………………………………………… 127
(5) 連絡帳を忘れた子どもの扱い ……………………………… 127
(6) 0〜3歳児未満の連絡帳 ……………………………………… 128
(7) 3歳児以上の連絡帳 …………………………………………… 129
(8) 連絡帳の作り方 ……………………………………………… 130

8 園だよりの書き方　133

(1) 発行の目的 …………………………………………………… 133
(2) 書くときの留意点 …………………………………………… 134
(3) パソコンで書くときの留意点 ……………………………… 136
(4) 手書きで作る場合 …………………………………………… 136
(5) その他の注意点 ……………………………………………… 137
(6) 保護者への連絡文書の書き方 ……………………………… 138

演習問題　139

① 敬語　141
② 自己紹介　142
③ 平仮名／片仮名　143
④ 教育漢字　145
⑤ 現代表記　148
⑥ 誤用しやすい用語　148
⑦ 当て字　149
⑧ 差別語　151
⑨ 重複表現　151
⑩ 実習日誌　153
⑪ 指導計画　155
⑫ 実習礼状　157

⑬ 封筒　159
⑭ ハガキ　160
⑮ 年賀状　161
⑯ 往復ハガキ　162
⑰ メール　163
⑱ 自己分析　164
⑲ 自己アピール　165
⑳ 履歴書　166
㉑ 履歴書送り状　168
㉒ 保育に関する社説の書写　169
㉓ 小論文　173
㉔ 連絡帳　175

演習問題《解答編》　177

保育者として
よい国語表現をするために

保育者を目指すみなさんへ
〜現場からの生の声〜

本書を手に取ったみなさんは、保育の現場に立ち、子どもの先生になることを目指しているだろう。先生は、すべてにおいて子どものお手本になる必要がある。それには日常、何気なく使っている国語(日本語)の表現も含まれる。話し方、書き方と軽く見るなかれ。会話や文章には、その人の教養がよく現れる。本章では、まず教養の高め方などについて触れておく。

保育者としてよい国語表現をするために

　保育者としてよい国語表現をするために、その技術を磨くことだけに注目しがちであるが、その基礎となる豊かな教養が大切なことを忘れてはならない。教養の有無は、今から学ぶ会話や文章にすぐ表れてしまう。

　そこで、しっかりと教養を身につける必要性がある。ところが教養は一朝一夕には身につかない。優れた方法を選び、時間とそれを継続する努力が伴って実現するのである。

　ここでは、教養を高める方法と保育者になるための心構えを紹介する。

（1）新聞を読もう

　若者の活字離れが進む影響で、書籍や雑誌の販売数も1996年をピークに年々減少している。2010年を「国民読書年」と定め、読書を推奨する運動が進められたが、改善の兆しはない。

　新聞を読む若者も激減しているとマスコミは報じている。さらに、新聞を取らない無購読家庭が増えているという。新聞の役割の1つであった「テレビ番組欄」は、デジタル化により簡単にテレビで確認できるようになったのも一因だろう。携帯電話にもニュースは配信され、おおよその出来事がわかるようになったことも、新聞を購読しない理由かもしれない。

　私は年に数回「時事用語テスト」を実施しているが、総理大臣を知らない、与党の政党名がわからない学生が少なくない。このような状況なので、政府が検討している新しい保育政策を知っている学生は、限りなくゼロに近い。

　新聞は教科書と同じ活字媒体である。テレビや携帯の瞬時に消え去るニュースとは定着度がまったく違う。興味のある記事は何回も読める。さらに切り抜いておけば、後日改めて読み直すこともできるというメリットがある。

　新聞から1日1つ、新しい知識を吸収したと仮定しよう。1年365日続けたら、365個の知識が身につく。これは分厚い本1冊を読んだことに匹敵する。そこから得られた知識は、よい国語表現はもちろん、就職試験の面接や小論文で生きた知識になる。

　手軽に教養を身につける方法として、新聞の購読を勧める。できない場合は、図書館を利用して積

❖❖❖ **エピソード** ❖❖❖

　ある園児が「自家中毒」にかかり入院した。やっと退院して登園した朝、その保護者に「どういう病気だったのですか」「実は、自家中毒で……」「何か、悪いものでも食べたのですか」と受け答えしてしまった保育者がいた。
　「自家中毒」と「食中毒」を区別する知識が欠けていて、知識のなさをさらけ出してしまった例である。
　さっそく「自家中毒」とは、どういう病気か調べてみよう。

極的に新聞を読んでほしい。これを1年生（1回生）から続けると、教養ある人間になることは間違いない。

（2）大いに旅行せよ

「かわいい子には旅をさせよ」ということわざには2つの解釈がある。

昔の旅は苦労が多かったため、我が子を立派にしようと旅に出した。家業の跡を継がせるには、他家に修業に出て苦労すると立派に成長する。この2つである。

現代は別の解釈もある。「実際に旅行せよ」であり、それによって見聞を広め、教養を身につけるとも考えられる。

一例を紹介しよう。ハワイへ学生を引率したときのことである。

ハワイの幼稚園（プリスクール）は朝早くから始まる。開始時間は朝6時～7時半というところも多く、軽い朝食が出る。園児たちは登園した後、友達と話しながらゆっくりと朝食を食べていた。まず、園児中心に考えた合理的なシステムに感心してしまった。

日本の幼稚園で朝食を出している園を、私は知らない。毎日、園児たちは眠い目をこすりながら、食べたくない朝食を取り、園に送られるのとは格段の差がある。

日米の違いに、私も学生もショックを受けてしまった。学生時代のこのような見聞から得た知識は、保育者になってから確実に生かされよう。

ハワイまで行かなくても、鉄道の割引切符や高速バスを利用した旅行でも、確実に見聞は広まる。若いときの旅行は「心の貯金」「知識、教養の貯金」と理解して、大いに旅行してほしい。

Memo

(3) 鋭い観察眼を持て

保育者になると担任を持つ。5歳児クラスは30名を超すことも珍しくない。園児の体調の急変などに気づくには、鋭い観察眼が求められる。

観察眼は毎日の生活で訓練できる。通学途中の風景の変化、クラスメートの変化、先生の変化などをよく観察しているとその微妙な変化に気づくのである。この「気づき」が大切なのである。気づかず見すごしていると、取り返しのつかない事態を招くことになる。

一例を挙げよう。

私の住む地域は、雪が深い。ある保育園での出来事。天気がよいので園舎の外で遊ばせていたら、屋根に積もった雪が落ちて、園児が死傷する事故が起きてしまった。「屋根に雪が積もっている。もしかしたら、落ちるかも」と観察していたら、この事故は起きなかったかもしれない。

保育者は、保護者から子ども（命）を預かっているという自覚を持つことが大切である。

鋭い観察眼を身につけることは、事故防止だけでなく、視野が広くなるので知識も豊富になる。今日から、鋭い観察眼を持って生活しよう。

(4) 疑問を持ったら調べよ

普段の生活でも授業でも「おかしいな」と、疑問を持つことは多いはず。しかし、たいていはそのままにする人が多い。これでは知識は増えない。

ここでも、例を挙げよう。

おなじみの「オオカミ少女」のアマラとカマラの物語である。私はシング牧師の詳細な報告を信じ、授業で学生に長年教えていた。しかし、私の脳裏の片隅には「本当なのか？」というささやかな疑問があった。

数年前「まさか」と思いながらウェブで検索してみたら、東北大学の大隅典子教授の「狼少女は捏造だった」というウェブサイトに出合った。「捏造」とは「でっちあげ、作り話」という意味である。

「目から鱗が落ちる」思いで一気に読み、疑問が解けた。続いて、新潟大学の鈴木光太郎教授の『オオカミ少女はいなかった』（新曜社）という単行本も読破した。疑問を持ったまま調べないで、何十年も放置していたことを心から後悔した。

「疑問を持つ → 調べる → 理解する」

これを実行して、知識を増やし、教養を豊かにしてほしいので、私の恥ずかしい例を紹介した。

✦

✦✦ エピソード ✦✦

　ある園長から聞いた話。園の忘年会を中華料理店で行った。20代の保育士が「"よせん"料理って、おいしいね」とひと言。中華料理店なので円卓での会食だったが、テーブルに座っていた全員が、返す言葉がなくしばらく黙り込んでしまった。「四川（しせん）料理と読むんだよ」と教えたら、みんなの前で恥をかかせてしまうためだ。

　学生時代の間違いは直してもらえるが、社会人となると陰で笑われることが多い。あらゆることに関心を持って、知識という貯金を増やそう。

　では、同じ中華料理の「広東料理」は、何と読むだろうか。

(5) 新しい友人を作れ

　「あなたには、何人の友人がいますか」と聞くと「たくさんいます」と答えるだろう。友人は「人生の宝」と言われている。大学を卒業するまでに、何人か「生涯の友」を作ってほしいと思う。
　これからの人生においても、新しい友人を作ることを心がけてほしい。新しい友人からは、新しい知識が得られるメリットがある。いつもの友人、いつもの仲間と付き合うのは気が楽である。楽な分だけ、学ぶことも限られてくる。
　友人は「できる」のではなく「作る」という積極性が求められる。たくさんの友人を作って、たくさんの知識を得てほしい。
　貴重なのが年上の友人である。年上の友人は人生経験が豊富で、得られる知識も多くなる。わからないこと、知らないことを質問して教えてもらおう。
　恋人も必要である。お互いの人間性が豊かになり人格を磨く恋愛なら、大いに奨励したい。恋愛は生きる意欲の表れで、自分を磨く方法の1つである。

(6) 積極的に生きる

　ある保育園の園長から電話が入った。「急に1名、採用したい」との用件で、私はどのような学生を望むかを聞いた。「積極的な人がよい」がその回答であった。
　積極的であれば、採用してからの指導もしやすく、園に適応しやすいとのことであった。
　積極的は「自分から進んでことを行う」「前向きな姿勢」と言い換えられる。この延長に「研究熱心」

Memo

も加えられよう。

その園長の話では、最近の新卒者は物質的に恵まれているためか、意欲や積極性に欠ける人が多いという。一番困るのは「指示待ち人間」「マニュアル人間」だそうで、とてもクラス担任は任せられないそうだ。

近い将来、みなさんは保育者として現場に立つ。そこでは逃げ腰の生き方は通用しない。今日から積極的に自分を磨く生活に励んでもらいたい。そして、教養ある人間に成長することを期待する。

(7) よい保育者になるためのたった1つの秘策

明るい性格か、素直な人柄か、積極的であるか、忍耐力があるか、研究熱心で専門性に富んでいるかと理想の保育者像への要望は限りなく多い。養成校の研究会に行くと「東京大学をトップで卒業した人でも不可能ではないか」と思われるくらい高い理想を学生に求める声が目立つ。

確かに、理想は高いほうがよいに決まっている。しかし高すぎると「私には無理」と最初からあきらめる学生が出る可能性が高い。

私の経験からの、よい保育者、立派な先生になるための、たった1つの秘策。それは「素直な人柄」で、すべての分野の基本となっている。

素直な人柄であったら、保育者の基本中の基本である「明るく」振る舞えるし、「積極的」「忍耐力を持って」「研究熱心」にも対応できるはずである。もちろん「協調性」もあり、複数担任制、担任を持たないフリーの保育者を置くチーム保育でも円滑に対応できよう。

逆に、指示を守らず「反抗的」「頑固」だったら、上司や先輩にとって扱いにくく最悪の保育者になってしまう。

ここで事例を紹介しよう。

ある保育園での話。園長室まで「ガタン、ガタン」と洗濯機の異常な音が聞こえてきた。園長が見に行くと、新任の保母（当時）が洗濯機の前に立っていた。「何しているの」と聞くと、「タオル、洗っているんです」という答え。音のする脱水機（以前の洗濯機は、洗濯と脱水が別々の二槽式だった）のふたを開けると、タオルが1本だけだったために脱水機が「ガタン、ガタン」と音を立てていたのだった。

「タオル1本だったら、後でまとめて洗うか、手で洗えないの」とアドバイスした園長を、にらめ返したまま返事をしようとしない。とうとう園長は激怒し、「なぜ、注意を聞けないの」「聞けません」と口論の後、取っ組み合いになり退職（数年後、この保育園の園長と親しくなり、詳細ないきさつを知った）。

短大の就職課に「園長になぐられ、クビになった」と泣きついてきた。同情し、中途採用の幼稚園を紹介して無事に再就職した。その4カ月後、私が実習訪問で園を訪れるとすでに退職していて姿は

✳

Memo

なかった。園側から詳しい話は聞けなかったが、ここでもトラブルを起こしたことは容易に想像できた。

自分が正しいと思うことは悪くない。しかし、上司や先輩の一言ひと言は長年の経験に基づく貴重なアドバイスである。アドバイスを守らずに「反抗的」で「頑固」な態度をとることは、それらを頭から否定してしまうのである。これでは「保育者の適性なし」と言われても仕方がない。

みなさんは、たくさんある理想の保育者像の要望の中から「素直な人柄」を一番の目標に掲げ、よい保育者を目指してほしい。

(8) 今日できることは今日やる　〜自立した保育者になるために〜

卒業後、みなさんは保育者、つまり社会人として自立することになる。

月々の給与がもらえるので、経済的には自立可能である。社会的にも「先生」と呼ばれ、これも自立した形になる。

残ったのは、精神的自立。これは一番の難問で、何歳になっても落ち込んだり、悩んで眠れない夜があるのは万人に共通している。

ここで重要なのが、自己責任に対する認識である。本当に自立している人間は、自分をコントロールして仕事を遂行する。認識しているものの、他者に依存するタイプの人間は責任から逃れようとする。指示やアドバイスを「〜させられている」と受け身にとらえ、失敗すると指示した人に責任転嫁して、自分を正当化するから困る。一種の甘えで、このタイプの人間は少なくない。

保育者は、子どもと遊ぶだけが仕事ではない。保育以外にも、たとえば「園だより」の編集、「幼稚園幼児指導要録（担任した幼児の成長などの記録）」の記載・整理と期限がある仕事が多い。

東京郊外のある幼稚園で起きた事例を紹介しよう。

6月のある朝、好きな遊びの時間にその事件は起きた。就職2年目の教諭が、園庭奥のフェンス際で中年女性にカッターナイフで右手の指を切られた。自転車で走り去った犯人を警察は緊急配備したが、いくら探しても見つからなかった。

不審に思った警察が、この教諭から事情聴取したら「自分で切った」と自白した。その理由は、前年度の「幼稚園幼児指導要録」が書けないので、指を切られれば先延ばししてもらえるというものであった。事件後、この教諭は幼稚園を去ったという。

前年度末の3月には完成しなくてはいけない書類を、4月、5月、6月と延ばしたために叱られ、追い詰められた結果であろうが、短絡的な発想による迷惑な事件である。背景には、自立していない人間に多い「甘え」があり、仕事をしっかり把握していない結果とも考えられる。

みなさんは「今日できることは今日やる」を、自立した保育者になるための基本姿勢として守って

Memo

みてはいかがであろうか。

　今日できることを今日済ませる。達成感があるので夕食もうまいし、熟睡もできよう。そして翌日、何もなければ精神的にもゆとりが生まれる。もし、急な仕事を頼まれても即座に対応でき、周囲から尊敬されることになる。すべてがうまく運ぶのである。

　これを先の教諭のように先延ばしすると日々が楽しくなくなり、精神的に追い詰められてしまう。みなさんに「今日できることは今日やる」を贈りたい。

> **Column　片付けられない症候群**
>
> 　私の同僚に、数多い仕事を手際よく処理する先生がいる。日中、研究室に行くと机の上は書類の山で雑然としている。しかし、夕方、帰宅するときになると机上にはパソコン、電話機など数点しかない。きれいに片付いているのである。
>
> 　自宅やアパートの部屋をきちんと片付けるようにしよう。片付けるということは、整理することである。衣類はもちろん、授業で配られたプリントなどもファイルして片付けよう。しっかり整理してあると、テストやレポートのときも速やかに対応できる。
>
> 　片付けられない症候群にかかり、足の踏み場もないような部屋で暮らす保育者にはならないでほしい。

Memo

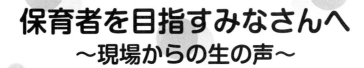

保育者を目指すみなさんへ
～現場からの生の声～

　保育現場で活躍する園長、主任の先生方に「保育者を目指す学生へのアドバイス」をお願いしてみたところ、次のような回答があった。国語表現に関連するもの、現場に立つための心構えなど、どれも貴重なアドバイスであるので、ぜひ参考にしてほしい。

Q1 「実習生として、学んできてほしいこと」について

A主任：社会人としての言葉遣いを身につけておいてほしい。保育の現場で学生気分の会話では困る。文字は、小学校の教科書に沿った正しい文字で書いてほしい。くせ字で書く実習生が多すぎる。また、簡潔で相手に伝わる文章が書けるようにしてほしい。
B主任：あいさつや受け答えなどのマナーを守れるようにしてほしい。
C園長：自分の考えを、同僚や子どもたちに正しく伝える力を養ってほしい。

Q2 「新任保育者の足りなかったこと」について

A主任：子どもの様子、自分の対応を先輩保育者や保護者に伝える能力が足りなかった。
B主任：保護者とコミュニケーションがうまくとれなかった。
C園長：先輩保育者のアドバイスを素直に受け止め、自分を改めようという態度に欠けていた。また、失敗をほかのことのせいにして、言い訳ばかりが目立った。
D園長：自分の考えを、言葉で伝える力が足りなかった。

Q3 「保護者との会話で足りなかったこと」について

B主任：子どもの様子を伝えるだけでなく、保護者の悩みも聞く配慮がほしい。
D園長：相性のよい保護者とはよく話すが、苦手な保護者には言葉かけをしようとしない。

Q4 「子どもとの会話で足りなかったこと」について

A主任：必要以上に幼い言葉を使って話さない。子どもの年齢に合った言葉選びをしてほしい。幼児

Memo

期における保育者の言葉遣いの影響は大きいので、正しい日本語で話してほしい。

B主任：子どもにルールなどを説明するときは、わかりやすい言葉を選んでほしい。子どもが理解しやすい言葉選びは、保育において重要なことである。

C園長：子どもの話を聞く余裕が足りない様子だった。

Q5 「先輩保育者や同僚との会話で足りなかったこと」について

A主任：自分1人でできることには限度があるので、上司や先輩に相談してほしい。できないことは、はっきりと意思表示する必要がある。

B主任：病気の子どもについては、同僚と情報を共有してほしい。

C園長：先輩保育者に対して、今日の出来事を簡潔に報告する力が欠けていた。

Q6 「連絡帳で工夫したこと、困ったこと」について

A主任：幼稚園では、書く時間そのものの確保が難しい。

B主任：保護者が送迎しない子どもの家庭には、なるべく詳しく書くようにした。年長になると文字が読める子どもが増えるので、子どもにも読めるように配慮して書いた。

C園長：病気などデリケートなことは、連絡帳に書かないで電話で伝えるようにした。また、子どもの成長やクラスのエピソード、担任としてうれしかったことなどは保護者の反応がよかった。

Q7 「園だより、クラスだよりで工夫したこと、困ったこと」について

A主任：園長、主任保育者のチェックが入るので、時間に余裕を持って作成する必要がある。デザインなどのセンスは、すぐに身につかないので、参考資料を研究し感覚を養ってほしい。

B主任：重要な連絡事項は、マーカーでなぞって目立つようにした。よく忘れ物をする家庭には、別に電話で確認するようにした。

C園長：園での遊びなどを報告するとき、なぜその遊びが必要なのか専門的視点に立った説明をするようにした。

D園長：人気のあった給食のレシピを載せ、家庭で作れるようにした。精神的な悩みを持っている保護者に、コラム欄を設けて参考となる本やDVDを紹介するようにした。

Q8 「その他のアドバイス」

D園長：新任者に「忍耐強さ、明るさと感謝の気持ち、協調性」があれば、立派な保育者に育つと思う。保育に「正解」はなく、日々作り上げていく面がある。

Memo

第1章

会話表現
《基礎編》

1. 聞き取りやすい話し方の基本……20
2. あいさつ……24
3. 敬語の使い方……26

> 本章では、会話表現の基礎的な項目を取り上げる。特に、みなさんが実習生や新任の保育者として保育の現場に立ったとき、もっとも戸惑うのが「敬語」だろう。なぜならば、園長、先輩保育者、保護者など、全員に敬語を使う必要があるからだ。会話の初歩的な失敗をなくすためにも、敬語はしっかり身につけたい。

聞き取りやすい話し方の基本

保育者として、聞き取りやすい話し方を身につけることは大切である。子どもたち、同僚、保護者とのコミュニケーションは、会話を通して行われるので当然である。

ところが、話すという行為は意外と軽視されがちである。「聞き取りやすい話し方をしていますか」という質問に「はい」と答える人は多いだろう。音は瞬時に消えてしまう特性があるので、欠点に気づきにくい。話し方次第で、聞き手の関心と理解は大きく変わってしまうことを肝に銘じてもらいたい。

ここでは、聞き取りやすい話し方について確認しながら、上手（じょうず）な話し方を学んでもらう。

（1）発音・発声を正しく

聞きやすい話し方のポイントの1つは口の形にある。母音と子音の母音をはっきりと発音すると聞き取りやすくなる。母音の口の形は「あ・い・う・え・お」で次のように異なる。小学生時代を思い出して、発音の練習をしてみよう。

あ……大きく上下と横に開く

い……思いっきり横に広げて口角を上げる

う……中央で丸める

え……口角を上げる

お……軽く口を縦に

> **ミニ知識**
>
> 「母音」を「ぽおん」、「子音」を「しおん」と読み間違える人が少なくない。「母音」は「ぼいん」、「子音」は「しいん」と読むのが正しい。基本的な用語なので、正しい読み方を覚えよう。

「あ行」が正しく発音できたら「か行」以下の子音も練習しよう。その際、どの音も腹から出すことが大切である。腹式呼吸法は、最初は違和感があるかもしれないが、慣れるとスムーズになる。

　小学生のときは正しい口の形で発音していた人も、中学・高校と進むにつれて「癖」がつく傾向にある。初心に返って、正しい口の形で発音するように心がけよう。

　発声（滑舌）練習の基本となる練習文に「あ　え　い　う　え　お　あ　お」がある。これは演劇関係などの発声練習によく用いられている。

　これは普通の五十音とは違う。次に練習文を表記するので、練習してみよう。最初は口の形に気をつけて、ゆっくり発音する。慣れてきたら、少しスピードを上げて練習すると効果が上がる。

「あ　え　い　う　え　お　あ　お」
「か　け　き　く　け　こ　か　こ」
「さ　せ　し　す　せ　そ　さ　そ」
「た　て　ち　つ　て　と　た　と」
「な　ね　に　ぬ　ね　の　な　の」
「は　へ　ひ　ふ　へ　ほ　は　ほ」
「ま　め　み　む　め　も　ま　も」
「や　え　い　ゆ　え　よ　や　よ」
「ら　れ　り　る　れ　ろ　ら　ろ」
「わ　うぇ　うぃ　う　うぇ　を　わ　を」

　もう1つ、発声を練習する方法にアナウンサー養成に使われる「早口言葉」がある。次の言葉を最初はゆっくりと、次第に速くスムーズに発音できるように練習しよう。

「国語熟語述語主語」
「蛙ピョコピョコ三ピョコピョコ　合わせてピョコピョコ　六ピョコピョコ」
「魔術師手術中　魔術師手術中　魔術師手術中」
「東京特許許可局許可局長」
「新進シャンソン歌手総出演新春シャンソンショー」

　このほかにも早口言葉はたくさんある。保育の現場に立ってからも貴重な発声練習のツールとなるので、早口言葉を集めて覚えておきたい。

Memo

(2) アクセントに注意する

　日本語は語内の音の高低の位置的な違いによって語の意味が変わってしまう。この高低を明瞭にすることにより、聞きやすい話し方になる。以下にアクセントの例を挙げておく。本格的に勉強したい人には、NHK放送文化研究所編『NHK日本語発音アクセント辞典』（NHK出版）をお勧めする。

①意味が違ってしまうケース

　アクセントによって意味が異なる語の例。下線部を高く（または強く）発音する。

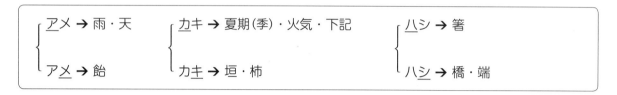

②保育関係用語のアクセント

　保育の現場でよく使われる用語を、アクセントに注意して発音してみよう。下線部を高く（または強く）発音する。

アオムシ(青虫)	アカイロ(赤色)	アソビドーグ(遊び道具)	エホン(絵本)
エンソク(遠足)	エンジ(園児)	エンチョー(園長)	キューショク(給食)
ギューニュー(牛乳)	キョーダイ(兄弟)	スナバ(砂場)	センセイ(先生)
ツミキ(積み木)	テアソビ(手遊び)	ニューエン(入園)	ホイクエン(保育園)
ミカン(みかん)	リンゴ(りんご)	ヨーチエン(幼稚園)	

(3) 話すスピードに気をつける

　話すスピードによっても、聞き取りやすさは変化する。3歳児にはゆっくりと、5歳児では普通になど、話すスピードにも留意したい。

　テレビやラジオのアナウンサーのスピードは、1分間に350～400字程度が一般的である。つまり、400字詰の原稿用紙1枚を読むのが目安になっている。ちなみに、NHKより民放のアナウンサーのスピードが速いと言われている。

　次の例文はちょうど200字なので、30秒程度で話せるとスピード的には聞きやすいことになる。口

の形はもちろん、句読点にも注意し何秒で話せるか、計測してみよう。

> 子どもを温かく受け止められる、愛情を持った先生、これが私の理想とする保育者像である。
> 幼児教育のすべてに、愛情は欠かせない要素だと思う。
> 実習先の先生方も、この点をとても強調されていた。
> 仕事を持つ女性が急増している現在、母親は、自分の仕事や家事などで精いっぱいだと思う。
> そこで不足分を補うのが、私の目指す保育者の役割になる。
> 温かく子どもたちを包める保育者、愛情をたっぷりと注げる保育者、私の夢は、限りなく広がる。

　20秒以内で終わった人は少し速すぎ、45秒を超した人はやや遅め。30〜35秒くらいで終わるようにトレーニングしよう。

(4) ポーズ(間)の取り方も大切

　日本語は同音異義語が多いなどの理由で、うっかりするとあいまいな話し方になるので注意を払いたい。あいまいな話し方に陥らないためには、聞き手を意識したポーズ(間)の取り方や言い換えを適切に行うのも解消法の1つである。以下の例に沿ってポーズ(間)の取り方を考えてみよう。

> ①同音異義語に起因するケース(切り方でまったく意味が変わってしまう)
> ・ほしいくつある？　　　　　　　　　　・そこに穴があいている
> 　→ほしい靴、ある？　　　　　　　　　　→そこに、穴があいている
> 　→星、いくつある？　　　　　　　　　　→底に穴があいている
>
> ②ポーズ(間)の取り方で変化するケース(取り方で主体が変わってしまう)
> ・男は車で逃げる犯人を追いかけた　　　・茶色い目の大きな犬を飼っている
> 　→男は、車で逃げる犯人を追いかけた　　→茶色い目の、大きな犬を飼っている
> 　→男は車で、逃げる犯人を追いかけた　　→茶色い、目の大きな犬を飼っている
>
> ③発音の類似した言葉のケース(意識して正しく発音する)
> ・よっか(ようか)にいく　　　　　　　・いちじ(しちじ)にかえる
> 　→4日に行く　　　　　　　　　　　　　→1時に帰る
> 　→8日に行く　　　　　　　　　　　　　→7時に帰る

Memo

あいさつ

「あいさつは、誠の先手」という。気持ちのよいあいさつは、相手を大切に思う気持ちの表れとも言える。あらゆる人間関係のスタートは、あいさつから始まっている。あいさつは、コミュニケーションの基本と受け止めよう。

(1) 明るくあいさつする

明朗と自ら信じている人は多い。しかし、毎日会う友達とは明朗に振る舞えても、改まった席では「気後れ」して「仮性ネクラ」に陥りがちである。そのために、モゴモゴと小さな声でのあいさつになってしまう。

「よろしくお願いします」「ありがとうございました」などは、明るくハキハキとあいさつしたい。

(2) あいさつのトレーニング法

この「仮性ネクラ」に陥らない、簡単なトレーニング法がある。

毎日、会う人にあいさつをするのである。近所の人、習っていない先生、事務局の人と会う人ごとに「おはようございます」とあいさつする。

相手の返事があるかどうかは、関係なし。自分のためのトレーニングと割り切って励行(れいこう)しよう。1カ月も実行すると「仮性ネクラ」が解消されるはずだ。

(3) 緊張したときのあいさつ

普段のあいさつができない人は少ない。問題は、実習先や就職試験のような緊張したときのあいさつである。

意識して大きな声で「おはようございます」「お先に失礼します」とあいさつするようにしたい。小さな声でのあいさつは「おとなしい」「暗い」「消極的」など、相手に好印象を与えないので注意しよう。

Memo

(4)「お疲れさま」と「ご苦労さま」の使い方

職場では「お疲れさま」と「ご苦労さま」がよく使われる。「お疲れさま」は自分より目上の人、「ご苦労さま」は自分より年下の人に使うのが一般的だ。自分が園長などの管理職でない場合は「お疲れさまです」と言うのが無難である。

子どもの保護者や出入りの業者に対しても「お疲れさまです」を使うようにしたい。

(5) 返事もはっきりと

意外とできないのが、返事の「はい」である。一番困るのは、返事がないこと。続いて小さいこと。相手を不愉快にさせるだけで、何らメリットはない。はっきり、速やかに「はい」と返事する習慣をつけたい。

「うん」という返事は、友達間にのみ使うべきである。教師や上司に対して「うん」という返事は失礼なうえに、下品に聞こえる。

(6) あいまいなあいさつ

何に対しても「どーも」「すいません」で済ませている人がいる。なかには「どーも、すいません」と重ねて用いる。気持ちはわかるが、あいまいで言葉足らずの印象が残る。

英語にも「Thank you」「Please」「I'm sorry」があり、「ありがとう（ございます）」「どうぞ」「ごめんなさい」を区別して使っている。

この使い分けは、保育者として子どもと接するときも基本となるので、よい習慣を身につけよう。

(7) 視線をそらさない

大学内ですれ違う学生が、私によくあいさつしてくれる。

その中の何人かは、こちらを見ないであいさつをしている。あいさつを返そうにも、視線が合わないで困ることが多い。あいさつする人に視線を向けて、明るく「おはようございます」とあいさつするようにしてほしい。

視線の大切さは、返事をするときにも当てはまる。相手を見ながら返事をするのがマナーである。

■■■ ミ ニ 知 識 ■■■

「目線」と言う人が増えて「視線」は半ば化石語になりつつある。「広辞苑（第六版）」によると、「視線」は「目が見ている方向。外界の光点と網膜上にあるこれの像とをつなぐ直線」、「目線」は「（映画・演劇・テレビ界の語）視線。見る方向」「物事を見る方向や位置」とあり、同意義でないことがわかる。

話す相手や子どもに対しては、相手をしっかり認識する「視線」を使うのが適切である。

3 敬語の使い方

　今の中学校、高等学校の先生と生徒はフレンドリーで、友達のような会話が目立つ。しかし、実習で学外に出たり、保育者になって園長や上司、保護者と話すとき、友達のような会話は許されるはずはない。保育者としてしっかりとした敬語を使えることは、基本中の基本と心得てもらいたい。
　敬語というと、複雑で面倒くさいと思うかもしれない。太平洋戦争後、敬語はシンプルになったのでポイントをしっかり押さえ、恐れず使うようにすればすぐに慣れるから心配無用である。

(1) 尊敬語

　相手に対して敬意を表す敬語で、園長など目上の人に対して使う。次の3通りの表現がある。

①「れる・られる」をつける形

| 例文 | 園長先生が受けられました。 |

②「お(御)～になる」をつける形

| 例文 | 園長先生は、もうお帰りになりました。 |

注意 以前は①、②の両方を合わせた形が使われたが、今はどちらか一方でよい。したがって「園長先生は、もうお帰りになられました」とする必要はない。

③決まった言い方

| 例文 | 園長先生が見る。 → 園長先生がご覧になります。
　　　会う　　 → お会いになる
　　　あげる　 → くださる
　　　食べる　 → 召し上がる |

❖ エピソード ❖

　卒業生に「就職して、困ったことを聞かせて」と質問すると、いくつか返ってくる。「保護者とのやりとりに困った」「連絡帳を書く時間が取れない」など。その中に「全員、上司と先輩なので園での言葉遣いに苦労した」がある。
　たとえば、友達なら「取ってよ」でよかったのが「取ってください（いただけませんか）」とていねいになる。これが、勤務中の会話の前提となるのだから、慣れるまで苦労するのであろう。
　新任保育者にとって職場で働く人は全員目上である。学生時代から敬語に慣れるようにしたい。

(2) 謙譲語

自分がへりくだり、謙虚さを表すことで、相手を敬う言い方。これも次の3通りの表現がある。

① 「お・ご(御)〜する」の形

| 例文 | 私が園長先生にご説明します。 |

② 「お(御)〜申し上げる」の形

| 例文 | 私が園長先生にご説明申し上げます。 |

注意！ 普通は①の表現でよく、②までていねいにする必要はない。

③ 決まった言い方

| 例文 | 私がそのケーキを貰う。 ➡ 私がそのケーキをいただきます。
会う ➡ お目にかかる
あげる ➡ 差し上げる
食べる ➡ 頂戴する、いただく |

注意！ 職場では謙譲語を使うのが基本。

(3) ていねい(丁寧)語

ものごとをていねいに表現し、相手に敬意を表す言い方。文末に「です・ます」を使う。

| 例文 | その荷物は私が受け取った。 ➡
その荷物は私が受け取りました。
会う ➡ 会います
あげる ➡ あげます
食べる ➡ 食べます |

Memo

(4) 美化語

　表現の上品さ、美しさの水準を上げる言い方。「お料理用語」「女性語」とも呼ばれている。尊敬語や謙譲語などと一緒に使われるが、逆に使いすぎは品位を落とすことがある。

●図表 1-1　美化語の例

元の言葉	➡	美化語	元の言葉	➡	美化語
茶	➡	お茶	花	➡	お花
茶碗	➡	お茶碗	店	➡	お店
料理	➡	お料理	買い物	➡	お買い物
皿	➡	お皿	掃除	➡	お掃除
菓子	➡	お菓子	勉強	➡	お勉強
汁（つゆ）	➡	お汁（おつゆ）	布団	➡	お布団
水	➡	お水、おひや	座布団	➡	お座布団
腹	➡	おなか	飯（めし）	➡	ご飯（ごはん）
うまい	➡	おいしい	近所	➡	ご近所
便所	➡	お手洗い、おトイレ	祝儀	➡	ご祝儀

Column　今でも残る女房詞

　美化語の中には室町時代以降、宮中（皇居の中の意味）に仕える女房が使い始めた女房詞（にょうぼうことば）が多い。女性らしい上品な言葉遣いで、主に衣食住（じぶつ）に関する事物について多く用いられた。

　たとえば「塩」を女房詞で言うと「波の花」となる。これは昔、塩は海水から作られたことに由来している。なお「塩」は「死を」を連想させることから「波の花」と言い換えたという説もある。

　「塩」を「波の花」と表現するお年寄りも少なくない。次に、今でもよく耳にする女房詞を挙げておこう。

便所 → 憚り（はばかり）	強飯（こわめし） → おこわ	杓子（しゃくし） → しゃもじ	味噌汁 → おみおつけ
鰹節 → おかか	飯の菜（さい） → おかず	お金 → おあし	雑炊 → おじや
牡丹餅 → おはぎ	握り飯 → おにぎり・おむすび		

Memo

(5) 言い換える形

　どのように言葉（普通語）が尊敬語、謙譲語、ていねい（丁寧）語に言い換えられるかチェックしておこう。

●図表 1-2　言い換えの例

普通語	➡	尊敬語（相手に使う）	➡	謙譲語（自分に使う）	➡	ていねい語
する	➡	される、なさる	➡	いたします	➡	します
くれる	➡	くださる	➡	ナシ	➡	くれます
思う	➡	お思いになる	➡	存じます	➡	思います
いる	➡	いらっしゃる	➡	おる	➡	います
言う	➡	おっしゃる	➡	申し上げる	➡	言います
聞く	➡	聞かれる	➡	拝聴する	➡	聞きます
見る	➡	ご覧になる	➡	拝見する	➡	見ます
行く	➡	行かれる	➡	うかがう	➡	行きます
来る	➡	いらっしゃる、見える	➡	参る、うかがう	➡	参る
帰る	➡	帰られる	➡	帰らせていただく	➡	帰ります
寝る	➡	お休みになる、休まれる	➡	ナシ	➡	休む
買う	➡	お求めになる、求められる	➡	ナシ	➡	求める
待つ	➡	お待ちになる	➡	待たせていただく	➡	待ちます
知る	➡	ご存知になる	➡	存じる	➡	知っています
借りる	➡	お借りになる	➡	拝借する、お借りする	➡	借ります
読む	➡	読まれる	➡	拝読する	➡	読みます
書く	➡	書かれる	➡	書かせていただく	➡	書きます
送る	➡	お送りくださる	➡	送らせていただく	➡	送ります
訪問する	➡	訪問される、ご訪問になる	➡	うかがう、お邪魔する	➡	訪問します

♣演習問題♣　「①敬語」　➡　141ページ

❖　**エピソード**　❖

　私が友人とあるところへ旅行をしたときの話。旅先の土産店で「地方発送、受け承ります」という看板を見た東京在住の友人が「東京は地方か」とぼやいた。「受け承ります」は誤りで「承ります」が正しい。

　「地方発送、受け承ります」でなく、この場合は「全国発送、承ります」にすると抵抗がない。

Column　冠婚葬祭で注意したい忌み言葉

　忌み言葉とは、不吉な意味や連想を持つことから、忌みはばかって使用を避ける語で、別の言葉に言い換えるのが普通である。

❖結婚式での忌み言葉

　離婚を連想させるような忌み言葉は、結婚式で使ってはいけない習慣になっている。

去る	戻る	別れる	離れる	終わる	散る	帰る	返す	閉じる
退く	冷える	流れる	切れる	破れる	割れる	飽きる	滅びる	苦しい
壊れる	次々	嫌う	泣く	再び	また	重ねて	返す返す	

　卒業して保育者になると、友達や同僚の結婚式に招待されて祝辞を述べる機会が増える。個人として出席する形だが、紹介されるときは「○○幼稚園で教諭をされている鈴木花子様」となる。一種の園代表なので「結婚式での忌み言葉」も覚えて、失礼のないようにしたい。

❖葬儀の席での忌み言葉

　不幸を繰り返すような忌み言葉を、葬儀の席で使ってはいけない習慣になっている。

重なる	くれぐれも	相次いで	返す返す	重々	たびたび
いよいよ	追う	繰り返し	再び	再三	うかばれない

> **注意！**　「死ぬ」は「亡くなる」「お亡くなりになる」とする。

　保育者になると、子どもの家族の葬儀などに参列する機会も増える。園長の代理として参列することも珍しくない。「葬儀の席での忌み言葉」も覚えて、失礼のないようにしたい。なお、就職したら、いつ葬儀があっても慌てないように喪服を用意しておく必要がある。

Memo

第2章

会話表現
《応用編》

① 保育者の発声 ……… 32
② 自己紹介の仕方 ……… 33
③ 実習先との話し方 ……… 37
④ 保育現場での話し方 ……… 40
⑤ 子どもへの言葉かけ ……… 43
⑥ 就職面接 ……… 46
⑦ 保護者との話し方 ……… 51
⑧ 保育現場での電話 ……… 55

本章では、会話表現の応用的な項目を取り上げる。実習生として必要になる自己紹介の仕方や子どもへの言葉かけなどを学んでもらう。さらに、みなさんの夢実現の関門となる就職面接での話し方のポイントを詳しく解説する。また、保育の現場で必要となる保護者との話し方や電話の取り方についても併せて触れておく。

保育者の発声

保育の大半は「声」という手段によって行われる。「話す」「歌う」はもちろん、絵本、紙芝居も声が重要な位置を占めている。ここでは保育者の声の使い方について学んでもらう。

(1) 適度な高さで

国語教育者の古田 拡（ひろむ）氏は「女教師の美しい声が流れている教室へ入ってみると、それはたいてい学校を卒業して2、3年までの教師であり、それ以上の経験を持つ女教師の声は、多くは中性化して、うるおいを失っているという人もいる」と指摘している。

新任の保育者は張り切りすぎて大きな声で保育を行い、それによって声をつぶすケースが少なくない。大きな声だけに頼る保育は子どもが大声になったり、落ち着かないなど弊害が多い。

低すぎてもいけないが、高すぎる声は自らの声をつぶすとともに、聞く子どもを疲れさせてしまう。七分の声で三分のゆとりがある発声が理想とされている。適度な発声に心がけて、いつまでも美しい声を保つように心がけよう。

大切な言葉かけをする場合などは普段より声を低くしたり、小さくすると、子どもたちが注目して伝わりやすいというテクニックも覚えておきたい。

(2) 正しい発音で

これに関して「幼稚園教育要領解説」では、次のように述べている。

> 教師は，このような幼児の言葉の発達や人との関わりを捉えそれに応じながら，正しく分かりやすく，美しい言葉を使って幼児に語り掛け，言葉を交わす喜びや豊かな表現などを伝えるモデルとしての役割を果していくことが大切である。（文部科学省「幼稚園教育要領解説」2018）

正しくわかりやすく、美しい言葉を使って子どもに語りかけて言葉のモデルとなる保育者の役割は大きい。正しい発音で保育できるよう、日常生活から心がけたい。

❖❖ エピソード ❖❖

保育者として働いている卒業生と話すことがあるが、何人かは声をつぶしている。特に「張り切り屋さん」に多い。ある張り切り屋さんは「月曜から水曜は大丈夫だが、木曜以降は声がかすれ、金曜は最悪となり、週末休むと声は戻る」という。若いから回復するのであって、酷使する状態を繰り返していると次第に声帯を痛めて中性化してしまう。

声帯の酷使が、ポリープができたり、喉頭（こうとう）がんの原因になるという医師の指摘もある。

自己紹介の仕方

　自己紹介とは、基本的に自分のことを知らない人間に自分を知ってもらうための行為である。自己紹介の仕方次第で、初対面での印象が大きく左右してしまう。
　今まで何回となく自己紹介を経験していると思う。気軽な自己紹介と改まった席のものとでは、表現が大きく異なる。ここでは実習初日の先生方対象、子ども対象、クラス担任として年度初めの保護者対象、研修先の4通りについて考えてみたい。

(1) 自己紹介を作る要素

　ただ経歴を羅列するのでは意味がない。「いい意味で目立つ」内容とする配慮が大切である。自己紹介の要素としては、次のような項目が挙げられる。

①自分自身について

＊性格	＊人生観	＊特技	＊趣味	＊得意科目
＊目標	＊希望	＊将来の夢	＊サークル（クラブ）	＊スポーツ
＊免許・資格	＊ボランティア歴	＊学生時代に打ち込んだことなど

②自分以外について

| ＊家族 | ＊友人 | ＊恩師 | ＊尊敬する人 | ＊育った環境 |
| ＊学んだ学校 | ＊社会情勢 | ＊出身地や住んでいるところなど |

Memo

(2) 共通する留意点

自己紹介を行う際には、次のような項目に注意したい。

・明るくにこやかに話す
・話が長すぎると焦点がぼける
・インパクトがあり印象に残るようにする
・フルネームで名乗る
・誠実さを持って話す

(3) 実習初日の先生方を対象とした自己紹介

だれでも初日は緊張する。言い違いなどのないように、小さなメモを用意しても構わない。実習の目的や意気込みを簡単に入れるとよい。

事 例

好ましくない例

太平洋学院短大の鈴木です。

今日から３週間、実習させていただきますが、今は不安でいっぱいです。

この幼稚園実習ですべての学外実習が終わりますが、今までの実習先はレベルが低く、勉強になりませんでした。

ここは保育目標もしっかりしていそうなので、期待しています。

一生懸命に取り組みますので、ご指導のほど、どうぞよろしくお願いいたします。

まず、あえて直したい自己紹介の例を挙げた。この例は「太平洋学院短大の鈴木」と学校名を省略している。また、学科名と学年の抜け、フルネームでない点も直す必要がある。

「今までの実習先はレベルが低く、勉強になりませんでした」「ここは保育目標もしっかりしていそうなので、期待しています」は、ともに高慢な表現で実習生としての謙虚さに欠けている。

次ページのように直したい。

Memo

好ましい例

太平洋学院短期大学保育科2年生（または2回生）の鈴木花子と申します。
今日から3週間、実習させていただきますが、今は不安でいっぱいです。
この幼稚園実習ですべての学外実習が終わりますので、いわば実習の総仕上げと思っております。
しっかり準備して、部分実習や全日実習に臨みたいと思います。
一生懸命に取り組みますので、ご指導のほど、どうぞよろしくお願いいたします。

(4) 子どもを対象とした自己紹介

　子どもは実習の先生を興味津々で見つめている。名前をすぐに覚えてもらうために、何かインパクトのある自己紹介を準備したい。養成校によってはエプロンに名前を書いた大きな名札をつけているので、それを利用するのもよい。また、指人形などを使って自己紹介するなどの工夫もよい。

好ましい例

おはようございます。
　保育園の先生になるために、勉強に来ました。10日間、みなさんと仲よく遊びたいと思います。
　私（または先生）の名前は「佐藤みく（名札をさしながら）」です。「みく」の「み」はみかんの「み」、「く」は車の「く」で、「みく」です。
　よろしくお願いします。

エピソード

　ある幼稚園の主任の話。最近、実習生が子どもに対して「おはようございま〜す」というあいさつが増えて困っている。親しみや明るさを表現しようとしているのだろうが、保育者はきちんと「おはようございます」を使っている。子どもがまねをするので、注意しているとのことであった。

(5) 年度初めの保護者を対象とした自己紹介

どういう先生なのか、保護者は知りたがっている。出身校や年齢、保育経験などについても話すようにしたい。控えめも大切であるが、極端すぎると保護者が不安になるので注意したい。クラス経営についての方針などにも触れるとよい。

事例

好ましい例

さくら組の担任になりました鈴木花子です。どうぞよろしくお願いいたします。

私はこの3月、太平洋学院短期大学保育科を卒業した新米保育士です。来月で21歳になります。学校や保育実習で学んだことを実践し、園長や先輩のアドバイスを受けながら仕事に取り組みたいと思います。

短大時代はバドミントン部に所属していましたので、体力には自信があります。元気で明るいクラス作りを心がけたいと思っておりますので、保護者のみなさま方のご協力とご指導をお願いいたします。

(6) 研修先での自己紹介

保育者なると、最初のゴールデンウイークに「新人研修」がある。これは都道府県の協会主催などで、ときには宿泊して数日におよぶ。そのほか、いくつかの研修会に参加して勉強を重ねる。

研修会の分科会など小グループに分かれると、自己紹介する機会も増える。社会人らしく、その場にあった適切な自己紹介をしたい。一部に出身校名を意図的に隠す人がいるが、ハッキリと言ったほうが誤解を招かないなどメリットも多い。

事例

好ましい例

初めまして、○○幼稚園の鈴木花子と申します。

この3月、太平洋学院短期大学保育科を卒業し、4月から5歳児「さくら組」の担任をしています。30人の園児と毎日楽しくと申し上げたいところですが、何もわからず、悪戦苦闘の毎日です。

この研修会では、音楽、特にリトミックについて勉強し、保育に役立てたいと思っております。

どうぞ、よろしくお願いします。

❖ 演習問題 ❖ 「②自己紹介」 ➔ 142ページ

Memo

実習先との話し方

　学外実習は保育者になるための大きなハードルで、無事に実習を終えることができるかと不安も大きいかと思う。ここでは、実習先との話し方全般について触れておく。

(1) アポの取り方

　まず、電話で実習先にアポ（アポイントメント）を取ることになる。学校・学科名、学年、氏名（必ずフルネームで）の順に名乗る。続いて、電話口にだれをお願いしたいのかを告げる。その担当者が電話に出たら用件を話す。緊張するので、伝える内容を箇条書きしたメモを用意すると効率的である。
　周囲に雑音がない固定電話がベストで、携帯電話の場合は充電の確認を忘れずに。
　保育者の必要条件に「明るい」がある。第一印象が大切なので、アポ取りから終わりまで、明るく話すことを貫くようにしたい。

事例

好ましくない例

園長　「では、〇月〇日、火曜日の午後3時に来てください」
学生　「すいません、その時間、バイトなんです」

　ここは園長の指示を優先させ、アルバイトがあることは口にせず、自分の予定を変更するべきである。昔の話であるが、実習訪問で園を訪れたら学生が不在であった。理由を聞くと「歯医者の予約で外出」とのこと。もう一例は「自動車学校へ行った」であった。
　どちらも本末転倒で、最悪のケースと言わざるを得ない。

(2) オリエンテーションでの話し方

　ここでも「アポの取り方」と同じくしっかりと名乗る。担当者の話はメモを取りながら聞く。わからない点は恥ずかしがらないで質問するとよい。園の方針、施設・設備などの基本点もしっかり聞い

Memo

て理解しておくようにする。

実習中に就職試験などの予定があり、欠勤しなくてはならない場合は、なるべく早く、できればオリエンテーション時に伝えるようにしたい。

(3) 実習中の話し方

許されている場合は、指示や気づいた点はメモを取るようにしたい。ここでもわからない点は恥ずかしがらないで質問する。実習中の巡回指導に行くと「おとなしい」「消極的」と指摘されることがあるが、質問しないことが原因の場合も多い。

これとは逆に「やり過ぎ」を指摘される園がある。積極的に話したり、行動するのは好ましい。ただ、園によって評価は異なるので、1日の終わりの反省会で判断を仰ぐようにするとよい。

指示や指導を受けたときは「はい」「はい、わかりました」と明るく答え、謙虚に受け止めるようにする。その後、速やかに実行するのはもちろんである。指示や指導をしても、返事だけで行動に移さないで困るという現場の声も少なくない。

また、実習生同士が集まって雑談しているという実習先からの苦情を耳にすることがある。実習先に不快感を与え、評価を減点されることにもつながる。「実習をさせていただいている」と謙虚な姿勢で臨むようにしなければならない。

事 例
人によって評価は千差万別

ある元気で明るい学生が保育所実習、続いて1カ月半後に幼稚園実習を行った。その際、私が実習訪問した。幼稚園では「おとなしく、消極的。子どもへの言葉かけも少ない」と苦情を言われてしまった。信じられない思いで学生を呼んで事情を聞くと「保育所実習のとき『あなたは、目立ちすぎる』と注意されたので」ということだった。

評価する人によって千差万別な例である。やはり、1日の終わりの反省会で判断を仰ぎ、翌日は改善する柔軟性が求められる。

(4) 子どもとの話し方

ここでは「子どもとの約束」に限定して説明する。

実習最終日に「また、来るね。そうそう、クリスマス会にはプレゼントを持って来るよ」という約束をしたが、都合で訪れなかった。担任は「先生になる勉強に来た○○先生、どうして来ないの」と

Memo

子どもたちから質問攻めにあって困ったという報告もある。

子どもとの安易な「約束」は厳禁である。

(5) 保護者との話し方

子どもを送迎する保護者との接触は避けられない。「実習生の鈴木花子です。よろしくお願いします」と明るく名乗りたい。実習生という立場を認識して、重要な伝言などは引き受けないで、直接、担任に話してもらうような配慮も大切である。簡単な伝言を頼まれたら、忘れないうちに伝えるようにしたい。

(6) 守秘義務

実習先で知り得た情報は、たとえ家族でも漏らしてはならない守秘義務がある。どの養成校でも守秘義務についてはしっかり指導しているので、厳格に守るようにしなければならない。

最近は、発達障害の子や疑わしい子を受け入れる園が増えている。これらの情報の扱いにも慎重を期さなければならない。

守秘義務の範囲は自分以外のすべて

ある実習生が、1日最後の反省会で主任から「翔太くん（仮名）が乱暴なのは、新しいお父さんから殴られるのが原因なの」と家庭の事情を知らされ、それを帰宅して家族に話してしまった。その後、家族が近隣に言いふらしてしまいトラブルになったケースがある。

主任が子どもを理解するためにと話した好意が仇になってしまったケースである。

(7) 就職希望を聞かれたら

幼稚園実習先で「どこに就職したいの」と聞かれ、「保育園が希望です」と素直に答えたら「だったら、なぜ幼稚園に来たの」と詰問されたケースがある。

このように怒られるのは珍しいケースかもしれないが「今は考え中で、すべての実習を終えてから決めたいと思います」などと言葉を濁すことも必要である。

ミニ知識

公立幼稚園、公立保育所の職員は地方公務員である。「地方公務員法」に次のように定められている。違反者は最高1年の懲役または最高3万円の罰金に処される。

第34条〔秘密を守る義務〕
職員は，職務上知り得た秘密を漏らしてはならない。その職を退いた後も，また，同様とする。

※「児童福祉法」の第18条の22、第61条にも同様の決まりがある。たとえ私立幼稚園、私立保育園の職員となったとしても、上の事例のようなケースを招かないために守秘義務は守りたい。

保育現場での話し方

保育者としての話し方は、子どもの前に立って急にできるものではない。正しい知識としっかりした自覚が基本になる。ここでは、そのポイントを学んでもらう。

(1) 愛情を持って話す

子どもに接するとき、一番大切なのは「愛情」。話すときも、愛情を持って話すようにしたい。よそ見しながら話したり答えたりでは、愛情のある話し方とは言えない。愛情のある話し方から、信頼関係が生まれることを忘れずに。

「保育所保育指針解説」（厚生労働省、2018）では、「保育士等は、子どもが安心して自分を表現することができるよう、温かな雰囲気で子どもの気持ちを受け止める必要がある。子どもの言葉がたどたどしかったり、発音や発声が不明瞭であったりしても、まず何よりも子どもが自ら話そうとする意欲を見守りながら、親しみをもって接する。その上で、温かなまなざしで子どもと視線を合わせて、子どもの話にゆったりと耳を傾け、受容的に応じるようにすることが大切である」と述べている。

保育者に「ゆとり」がない場合も、愛情のない話し方になってしまうことがある。しっかり準備して、毎日の保育に臨むようにしよう。

(2) 子どもの呼び方

全国的に、男の子は「くん」、女の子は「ちゃん」が使われている。小学校に進むと、男の子は「くん」のままで、女の子は「ちゃん」から「さん」に変わる。

ところが、現在の小学校社会科の教科書は「さん」で統一されている。これは男女平等の考えが反映されているためである。この影響で、一部の保育現場では男女とも「さん」で呼んでいるとの報告もある。実習に出たときは、園でどのような呼び方をしているか、いち早く察知してしたがうのがよい。

保護者の前では敬称をつけていたが、いなくなると呼び捨てにしている園があるとの報告があるが感心しない。下品なことはまねないとともに、保育者は「先生」であるという自覚を持とう。

※※※

> **ミニ知識**
>
> 「〜くん（君）」という敬称を女性が使うと、元々は「わがきみ（夫）」という意味があった。以前、土井たか子さんが衆議院議長のとき、議会特有の「小泉純一郎くん」と呼ぶ慣例にしたがわず「小泉純一郎さん」と指名していた。土井さんは元々の意味を知っていたのであろう。

(3) 言葉を選ぶ

　子どもが理解できる言葉には限度がある。そのために、慎重に言葉を選ぶ必要性がある。「幼稚園教育要領解説」（文部科学省、2018）は、「幼稚園生活では，家庭生活ではあまり使わない言葉を使用することがある。例えば，幼児にとっては，『先生』，『組』という言葉は幼稚園に入園して初めて耳にする言葉かもしれない」と述べている。さらに、「順番」「交替」「貸して」「いいよ」「みんな」などもわかりにくいとしている。特に、集団生活を知らない一人っ子にとっては、初めて聞く言葉の可能性が高い。

　何気なく使う「集合して」なども、子どもにとってはわかりにくい言葉の1つである。「集まって」などに言い換えるとよい。「気をつけて」「きちんとして」もよく使われるが、具体性に欠けている。「何に気をつける」のか「どう、片付ける」のかを伝えるようにしたい。

　子どもの理解度を確かめながら、保育をすることが大切になる。

(4) 短い文で

　日本語は「私は〜です」と主語と述語の間に、修飾語が入る形になっている。この修飾語が長くなると、わかりにくい話になってしまう。

　たとえば「先生は、明日の土曜日、新幹線で、東京へ、行く予定だったが、短大時代の友達が、遊びに来るので、その次の土曜日に、行くことにしました」と話したとする。何人の子どもが、正しく理解できるだろうか。2つの文章に切ると短くなり、わかりやすくなる例である。

　誤解なく伝わる短文にするよう心がけよう。同じことは文章にも言える。

(5) 若者言葉

　「ウザい」「キモい」など、若者は次々と新語を作り、流行させる。さらに「『ら』抜き言葉」も多くなっている。これは「食べられる」の「ら」を抜いて「食べれる」と表現するものである。

　別項で触れるように「ヤバい」が大流行しているが、元々は暴力団用語である。

　「幼稚園教育要領解説」（文部科学省、2018）では、「日々の幼稚園生活において，教師が幼児一人一人にとって豊かな言語環境となることを教師自身が自覚する必要がある。特に，教師は幼児の身近なモデルとして大きな役割を果たしており，教師の日々の言葉や行動する姿などが幼児の言動に大きく影響することを確認しておくことが大切である」と述べている。保育者の言動が子どもに大きな影響を与えることを考えたとき、若者言葉の使用は慎むのが当然という結論になる。

✼✼

✤ エピソード ✤

　ある幼稚園の主任の話。実習初日から数日間は緊張しているためか、言葉遣いもていねいである。2週目あたりからは慣れて、子どもを呼び捨てにしたり、若者言葉を使ったりして困るケースがあるとのこと。初心を忘れずに、実習に励んでもらいたい。

(6) 貧弱な言葉

　貧弱な言葉の代表として「どーも」や「すいません」が挙げられる。ときには両方用いて「どーも、すいません」と言う人もいる。人に会って「どーも」、お茶を出されて「どーも」、別れ際に「どーも」という具合だが、感心しない。きちんと「こんにちは」「ありがとう（ございます）」「さようなら」としたい。

　その場に合わせて「ありがとう（ございます）」「どうぞ」「ごめんなさい（失礼しました）」を使い分けしよう。

(7) 指示代名詞

　「これ」「あれ」「それ」「こちら」「あちら」「そちら」「ここ」「あそこ」などを指示代名詞という。

　子どもは物の名前を具体的に言わないで「あれ、取ってよ」とか「それ、貸して」などと使う。正確に話そうとする姿勢が欠けている現象で、保育者が「言葉のモデル」としてお手本を示し、修正しなければならない。それにより、語彙はもちろん正確な表現が身につく。

　保育者自らが子どもたちに向かって「それ、分けて！」ではいけない。正しく「その紙を1枚ずつ、みんなに分けてください」と言葉かけをするようにしよう。

(8) 紋切り型

　保育者が子どもに対して「すごく、きれいだね」「まー、不思議」「あら、お上手」「がんばったね」と紋切り型の言葉かけを耳にする。

　何が、どのように「きれい」なのかについて具体的に話すようにしなければいけない。たとえば「夕立の後に大きな虹が出て、七色もあって、きれいだったね」と具体化した表現が望ましい。

　繰り返しとなるが、保育者は「言葉のモデル」である。保育者の豊かな表現、正しい言葉遣いを子どもたちは見習って成長することを忘れてはならない。

(9) 感性を磨く

　すべての保育は、言葉によって行われると言っても過言ではない。豊かな表現や正しい言葉遣いの基本に「磨かれた感性」がある。学生時代から、毎日の生活の中で感性を磨くようにしよう。

　卒業後は「先生になる」という自覚を持つことも、感性を磨くことにつながる。

＊＊

Memo

5 子どもへの言葉かけ

　毎日の保育は言葉かけ、さらに援助が大切な役割を占めている。考える力を伸ばすためにも、これらをうまく使った保育を展開したい。ここでは、言葉かけの基本的な留意点を挙げておく。

(1) 言葉かけ

　新人の保育者が陥りがちなのが「一人舞台」と言われている。頑張ろうという気持ちが先走って、子どもの考えるペースを無視して、一方的に話してしまうことがある。それでは子どもに思考力や想像力がつきにくい。結論を急がないで、子どもといっしょに考えるという姿勢が大切である。

　子どもが自分の気持ちをうまく伝えられない場合は、考えが整理できるように言葉かけを工夫してほしい。

　そして間をうまく使おう。

　「どうしたら、いいかな」と声をかけ、しばらく間をおいて十分に考えさせ、その後に「じゃ、太郎くんはどう思う？」などとするとよい。間を取ることで、子どもたちに考える余裕ができる。そのとき、全員の顔を見渡して1人ひとりの子どもたちの様子を見て、子どもの思いや考えを受け止められるよう心がけたい。保育においては、視線の使い方も重要である。

(2) 繰り返しの言葉かけ

　「さあー、みなさん、いいですか」「明日は、牛乳パックを1個持ってくるんですよ」「いいですか、わかりましたか」を連発した後、「じゃー、もう一度だけ言いますよ」と繰り返すのは好ましくない。「先生は、また言ってくれる」という悪い姿勢が身についてしまう。

　家庭でも「早く！」を1日に何十回も言われながら、子どもが早く行動することはめったにない。子どもたちには「聞き流し」という悪い習慣が少なからずついてしまっている。園生活の中で改善するようにしたい。

　「よく聞く」姿勢は、その後の学校教育でも大切なので、幼児期にしっかり身につくようなかかわりを心がけよう。

❖ エピソード ❖

　ある幼稚園の園長から「アオムシ、ミミズなどを見ると、子ども以上に怖がる先生がいて困っている」という苦情が寄せられた。

　園の畑にサツマイモの苗を植えているときミミズが登場し、子どもより先に先生が「キャー」と悲鳴を上げてしまったとのことだった。先生が嫌いなので、子どもたちもまねてしまう悪影響が困るというのだ。害のない虫には子どものお手本である「先生」として我慢するか、慣れるようにするのも解決法であろう。

(3) 否定的な言葉かけ

「だめ」「いけません」「悪い子ね」などと否定的な言葉かけをすると、子どもは暗い気持ちになったり、反発したりする。ときには「こびたり」とよい結果は生まれない。先に否定的に叱られてしまうと、子どもの心は閉じがちになることを忘れないようにしよう。

保育は教育・養護であり、動物を訓練する調教ではないことを肝に銘じてほしい。

「なぜ、だめなのか」「何が、いけないのか」を、論理的、具体的な助言や言葉かけをするようにしよう。これは子どもの「思考力」を育てる最良の手段である。

(4) よく聞く

子どもの話は最後までよく聞いて、しっかり受け止める姿勢が求められる。たとえ、たどたどしい話でも「聞いてもらえる」という安心感を子どもに持たせたい。

注意したいのは、話している子どもと聞く子どもたちの間に保育者が通訳のように入るケース。「それで太郎くん、動物園に行ったの。それから……」と保育者が入ると、話している子どもに「整理しながら話そう」という姿勢がなくなり、聞くほうにもまとめながら聞くという訓練にならなくなる。これでは、どちらにもよくない。

最後までよく聞いてもらえるという、安心感を持たせる「聞ける保育者」になろう。

なお、2、3歳児クラスの場合、発音に誤りや乱れが見られるが、無理に直さないようにしよう。直すと緊張してしまい逆効果で、成長とともに誤りや乱れは消えるので心配無用である。

> ❖ エピソード ❖
>
> ある保育園の園長から「マリーゴールド、サルビアなど一般的な花の名前を知らない」という苦情が寄せられた。
> これは普段から草花に関心を持って、覚えるようにするしか解決法はない。園庭に植えられている木々や草花から覚えていこう。

(5) 話を引き出す

体験を話している子どもが、その思いを十分に伝えられないことが少なくない。こういう場合、保育者はうなずいて「共感しているよ」と安心感を与えたり、質問したりして話を引き出す必要がある。

話に詰まったときは「それから、どうなったの」と促して、次の表現を引き出すことも大切。このひと言により、新たな展開も期待できる。保育者はよき聞き手であるとともに、話のリード役でもある。

この援助によって、子どもたちは「言葉で話す喜び」を味わい、言葉を豊かにしていくのである。

(6) 話の輪を広げる

「忙しい、忙しい！」は日本人の口癖の1つかもしれない。「忙」の字を分解すると「忄（りっしんべん）」は「心が立った形」で「心」を意味している。「亡」は「亡ぶ」。つまり「心が亡ぶ」状態が「忙しい」なのだ。「忙しい」を封印した保育者を目指そう。

「今、忙しいから、後でね」「そんな汚い物、捨てなさい」「うそでしょう」などと言ってしまうと、話の輪が広がるどころか、頭から否定されるために子どもの保育者への信頼も薄れてしまう。

子どもはちょっとした出来事でも、大人と違って驚いたり感動したりする。それを保育者に聞いてもらおうとしても「今、忙しいから、後でね」では、話そうという意欲が失われてしまう。子どもの話しかけに対する保育者の応答の仕方次第で、「話の輪」は大きく変わってしまうから注意したい。

「先生は、ぼくの話を聞いてくれる」という安心感や信頼感を育てることが大切である。

Column 性的な言葉への対応

3歳くらいになると「おしっこ」「うんち」、また「おちんちん」など性的な言葉を好んで口にする。ときには、クラス中での合唱になることもある。この理由はいくつか挙げられる。

まず、体のメカニズムに興味を持った証拠と言える。男の子は母親、女の子は父親との違いの気づきが始まったのである。大人もいっしょに不思議がったり、人間の体を解説した絵本や紙芝居を用いて、男女の違いを隠さないで教えるようにしたい。

もう1つは、言葉の持つ威力を試しているのである。性的な言葉をかけられた保育者（保護者も）が、顔を赤らめたり「そんな、エッチなこと言ってはいけません」では、罠にかかったことになる。「この言葉は威力がある」と確信させるだけで逆効果。平静を装い「おしっこ、だったらトイレに行こうね」と対応するのがベストとされている。担当クラスの子どもたちが、頻繁に性的な言葉を発するときは、体を動かす外遊びなども気分転換に効果的である。

❖ エピソード ❖

ある施設長から「トマト、キュウリなど一般的な食材が食べられない実習生がいる」という苦情が寄せられた。

食べ物の好き嫌いは、美徳でも自慢できることでもない。保育者として、ごく普通の食材は食べられるように訓練する必要がある。給食のある園に勤務して、嫌いな食べ物が出たときを考えて好き嫌いをなくそう。

もちろん食物アレルギーがある場合は別である。野菜など特定の食品が原因物質となる人は、実習のオリエンテーション時に伝えるようにしよう。

就職面接

　保育者になるための就職試験の面接はどの園でもあり、重要な関門と思って間違いない。保育者になる資質はもちろん、服装、アクセサリー、頭髪などあらゆる面のチェックがある。
　ここでは、保育者になるための面接について学んでもらう。

(1) 事前の準備

①相手を研究する
　園の歴史、保育方針・目標などを研究して臨むようにしたい。最近では、ホームページを開設している園も多いので事前に調べておく。

②志望の動機
　幼稚園、保育園、施設では、志望の動機がまったく異なる。上の①を踏まえたうえで「だから私は、貴園の保育方針の○○に共感したので、志望しました」などと答えたい。

③自分を知る
　事前に自己アピール、趣味、得意科目、所属サークル（クラブ）などを整理しておき、質問に速やかに答えられるように準備したい。

④豊かな常識を持つ
　新聞を読んだりテレビのニュースを見て、世の中の動き、特に保育関係の情報はいち早く入手し理解して臨みたい。

⑤履歴書を見直す
　書いた履歴書は提出する前にコピーしておく。履歴書に書いた内容が質問されることが多いので、よく見直して臨みたい。

❖　エピソード　❖

　ほかの業種に比べて、保育関係の求人は遅く冬の時期になる。注意したいのは服装とマナー。特にオーバー、コート類は玄関先で脱ぐのを忘れないようにしたい。面接が終わったら、玄関を出てから着るのがマナーである。間違っても、室内まで着て入らないようにしたい。

(2) 面接中

①明るくハキハキと
どの園でも明朗な保育者を求めている。明るくハキハキと、面接者と視線を合わせて答えたい。

②速やかに答える
「ハイ」と返事して「○○だと思います」などと速やかに答えるようにする。難しい質問で答えがわからない場合は、黙ったままにしないで「申し訳ありませんが、覚えておりません」とすることも大切である。

③あいまいに答えない
「趣味は何ですか」「音楽鑑賞です」では、あいまいな答えになっている。好みのジャンルなどを具体的に言い添えるとよい。

④質問を用意する
面接の最後に「何か質問はありませんか」と逆に聞かれるケースがある。「ありません」ではなく、何か無難な質問を用意しておきたい。

⑤ウソは答えない
面接者が専門以外の事柄に詳しいことも珍しくない。苦し紛れにウソを答えると、ばれてしまうので注意したい。

Memo

(3) 実際の質問例

①応募先に関する質問

＊志望の動機	＊就職後の希望	＊希望勤務年数
＊他園受験の有無	＊通勤方法・距離・時間	＊園の特色・保育方針
＊どういう保育者になりたいか		

対策 一番質問の多いところである。項目別にノートに整理するなど、しっかり答えを用意して臨みたい。
ここでは「志望の動機」について考えたい。幼稚園、保育園、施設では志望の動機がまったく異なる。保育園なら「働く女性の増加、待機児童、子育て支援」などがキーワードになるので、これらを織り込みながら答えるようにしたい。

好ましくない例
Q どうして、保育園の先生を希望したのですか？
A 子どもが好きなのと、小さいときからのあこがれだったので。
Q そうですか。

「子どもが好き」「あこがれ」などでは安易な答えである。学校で保育学を専攻したのであるから、もっとハイレベルな答えを用意したい。

②自分に関する質問

| ＊自分の性格・長所・短所 | ＊健康状態 | ＊趣味・特技・資格 |
| ＊アルバイト | ＊もし不採用になったら | |

対策 短所は面接で聞かないことになっているが、質問される場合がある。当たり障りのない欠点を用意したい。
たとえば「少し、あわてんぼう気味です」くらいがよい。「短気」「飽きやすい」「すぐ落ちこむ」などは、本当であっても答えないようにする。
健康状態は「良好」が普通であり、「貧血気味」「低血圧で、朝起きられない」などとは答えない。

❖ エピソード ❖

ある保育園の園長から聞いた話。面接で「待機児童が増えていますが、待機児童とは？」という質問に対して、学生は「雨や雪が降り、親の迎えを待っている小学生」と答えたとか。「待機は待つ、児童イコール小学生」から思いついたのであろうが、こんな珍解答では面接は受からない。

6 就職面接 **49**

事例

好ましくない例

Q　趣味は何ですか?

A　料理と音楽鑑賞です。

Q　そう、料理はどんなものが得意なの?

A　何でも、です。

Q　あ、そう。

　「何でも、です」は本当のことかもしれないが、この答えは具体性を欠き、質問者に失礼になっている。たとえば料理だったら「イタリア料理で、特にパスタに興味を持ち、10種類くらいは作れます」と、ジャンルとある程度の中身を話すと好感を持たれる答えになる。

③考え方や思想に関する質問

＊生活信条　　　＊尊敬する人　　　＊社会人としての心構え　　　＊宗教

対策　宗教、思想、支持政党は面接では触れないのが原則である。しかし、一部の私立幼稚園、私立保育園では宗教や思想に関連する質問がある場合もある。たとえば宗教法人が運営する園などでは、「○○教（特定の宗教が入る）の精神に基づいた教育目標・保育目標に賛同できますか?」という質問を聞かれるケースがあるので準備しておきたい。
生活信条や社会人としての心構えなどは、一般的な質問といえるので、いくつかの答えを準備しておこう。また、尊敬する人は自分自身の保護者という答えが多いが、保育関係の人物などにするのが望ましい。

④家族に関する質問

＊家族構成、年齢、職業　　　＊保護者の勤務先、役職、仕事内容　　　＊応募先への保護者の同意

対策　これも本人以外の家族などのプライバシーにかかわる質問はしないのが原則である。しかし、現実には園によっては聞かれることもある。保護者の仕事内容などを調べて、プライバシーに配慮した答えを用意しておきたい。また、応募先への保護者の同意を聞かれる場合もあるので、事前に了解を取っておこう。

Memo

⑤学校や勉強に関する質問

> ＊実習で困ったこと　　＊今の学校を選んだ理由　　＊一番力を入れたこと
>
> ＊得意・不得意科目　　＊サークル（クラブ）活動

> 対策 履歴書に書いた内容との整合性とともに具体的な答えを用意する。

⑥時事問題

> ＊待機児童　　　＊少子化　　　＊認定こども園　　　＊幼保一元化（幼保一体化）
>
> ＊幼児虐待　　　＊食育

> 対策 覚え違いの有無を確認するために、項目ごとに整理して臨みたい。

Column　箸の持ち方を試された

　保育園に就職試験に行った学生が、受験生全員で昼食をごちそうになったと報告に来た。とてもおいしかったらしく、自慢げに話してくれた。

　そこで、私はペンを2本持たせて「お箸と思って、この消しゴムを持ってごらん」と試したら、心配した通り、その学生は箸を正しく持てなかった。園でお弁当や給食を子どもとともに食べることは珍しくない。そのとき「先生」である保育者が、箸が正しく使えないでは失格とされても仕方がない。

　さっそく、箸の持ち方が正しいかどうか、チェックしよう。

　なお、その学生は箸の持ち方が原因かどうかわからないが、不合格であった。

Memo

保護者との話し方

　免許、資格を取って就職すると、一人前の保育者として扱われ、ほとんどの人は担任も持つ。保育以上に難しいのが、保護者や上司・先輩との話し方である。ここでは、保護者との話し方に的を絞って学んでもらう。

(1) 基本的な姿勢

①保護者の話をよく聞く

　ある小学校での話。中年の女性教諭が母親の間で「いい先生だ」と評判になり、校長がその理由を調べた。教え方がうまいのか、子どもに人気があるのかと推測したが「普通」とのことで当てはまらなかったとか。わかったのは、母親の愚痴とも言える話をよく聞く先生だった。よく聞いてもらえた母親は満足する。それが好評の理由であった。

　上手に話す前に、よく聞く姿勢が大切な例である。

②保育者が一歩下がって控えめに

　最初は、保護者を丸ごと認めることから始まる。保護者と子どもが主役で、保育者は援助する立場であることを忘れてはいけないが、卑屈になる必要はない。なかには一方的に要求を押しつける保護者がいるので、園での生活と家庭の役割は区別するように話したい。

③上司や先輩のアドバイスを尊重する

　免許、資格を持って就職しても、最初はだれでも新米保育者で経験不足は否めない。保護者との話し方についても、上司や先輩のアドバイスを求め、それを素直に受け入れたい。

　さらに、上司や先輩が保護者と話している姿を学び、よい点をまねることも大切である。

Memo

(2) 細かい留意点

①行き違いや勘違いにならないようにする

少子化により過保護な親が増えている。保護者は「我が子が一番」と思い込んでいるケースがあるので、行き違いや勘違いが生じないように注意する。軽率な話し方は誤解を生みやすい。

②モンスターペアレント

子どもの「けんか」「けが」に神経質になる親が急増している。対応、処置、説明不足にならないように注意する。園の特色は集団生活にあり、それまでの家庭の「個」とは異なることを何回も話して納得してもらう。特に、園生活における「けんか」は子どもの仕事のようなもので、1日何回も起きる。その実情を知ってもらうようにする。

③ほかの子どもと比べない

ほかの子どもはもちろんであるが、兄や姉、弟や妹を引き合いに出しての比較も慎む。保育者に限らず、先生と言われる人に多い、一種の職業病なので罹らないようにしたい。

事例

好ましくない例

「お子さまは、クラスのほかの子に比べて鉄棒が下手ですね。逆上がりが1人だけできないんです。お母さんも教えてください」

「下手」「1人だけできないんです」「教えてください」などは禁句で、言われた母親は追い詰められた心境に陥ってしまう。「ちょっと苦手」「練習していただけると、助かります」とするとソフトになる。

事例

好ましい例

「お子さまは、ちょっと鉄棒が苦手のようですね。お母さんといっしょに逆上がりの練習をしていただけると、助かります」

✤✤

❖ **エピソード** ❖

4月、新任の保育者が、迎えに来た女性を前に「おばあちゃんが迎えに来たよ。よかったね」と園児に話しかけた。ところが、この女性から「私は母親です」と言われた。老け顔？を勝手に判断した初歩的なミスである。軽率な発言には十分注意したい。

④安心感を与える

「できない」「悪い」など否定的な言葉は使わないようにする。我が子を否定的に指摘されると、親は不安に陥るので禁句である。

好ましい例
母親　「先生、うちの子はいくら注意しても忘れ物をするんですよ。叱ってください」
担任　「大丈夫ですよ。○○さん（名前を言う）も反省して『しまった！』という顔をしています。次第に直りますから、きつく叱らないでください」

母親の発言は、よく考えると我が子を守りたい一心で「忘れ物を許してやって」というようにも受け取れる。それに対して、担任は「大丈夫、直ります」と安心感を与えていて好ましい。

⑤長所をほめる

ささやかなことでも、担任に我が子をほめられて悪い気はしない。会話の第一歩は、ほめることから始めるようにしたい。

好ましい例
「太郎くんは、たくさん絵本を読んでもらっているからでしょうか、表現がとても豊かですよ。お母さんの影響ですね」

長所をほめることが大切で、保護者と信頼関係を築くことになる。

(3) 人前での話し方

①家庭訪問

一部の幼稚園では、家庭の状況を把握するなどの目的で家庭訪問を行う。聞き手に徹して多くの情報を得るために園生活の報告は控えめにし、家庭の教育方針などに重点を置いて話を引き出すようにしたい。家庭訪問で得られた情報は、それからの保育に役立つことも少なくない。

保護者との会話の中では、プライバシーの扱いにも注意したい。

Memo

②保護者会（父母会）

　大勢の前で話すので、話す要点を箇条書きした原稿を用意する。あがってしまって、大切な伝達事項を言い忘れたでは困る。緊張すると早口になることがあるので、この点にも注意したい。

　新任者の場合は事前に原稿を書き、上司や先輩に見てもらうようにしよう。

③個人面談

　園での様子、特に友達、遊び、給食などについて要点をまとめておいて話すとよい。保護者からの要望や質問はメモを取り、難しい内容については「園長と相談のうえ、お答えします」と即答を避けるようにする。

　電話では話せない保護者へのお願いなどは、この個人面談の機会を利用するとよい。

　なお、面談の後は忘れないうちにポイントをまとめたい。翌日からの保育に役立つとともに、指導要録を記入するときの貴重な資料にもなる。

Column　離婚家庭に対する配慮

　厚生労働省の発表によると、平成29年に離婚したのは21万2000組となっている（推計値）。ざっと計算すると、42万4000人が離婚したことになる。

　幼稚園実習から戻った学生の話。実習中に協議離婚が成立した夫婦の子どもがいた。親権者となった母親が園に来て「書類を新しい姓に、すぐに書き換えろ」「今日から、新しい呼び方に変えろ」など、モンスターペアレント級の無理難題を言い、学生も不愉快な思いをしたそうだ。

　「小さな村なので周囲に知られ、母親は恥ずかしくなり、強く出たのでは……」と相手の立場になって考える余裕も必要ではないかとアドバイスした。保育現場でも、離婚家庭の子どもへの対応については慎重を期さなければならないケースが増えている。

　上のデータのように離婚はこの10年高い値で推移している。再婚も珍しいことではなくなった。この影響は名作童話にも影響が出ている。

　世界的に有名な『白雪姫』。原作で白雪姫を殺そうとしたのは、実母だった。あまりにも生々しいので、「継母」と変わった。しかし、離婚の増加により継母が増えたために、今は「魔女」になった。名作も時代背景に応じて変わっている例である。

Memo

保育現場での電話

電話のない生活など、とうてい考えられないくらいに普及している。身近で使い慣れているために、マナー違反に気づかないケースがあるので注意したい。保育現場での電話は、園を代表してかけているくらいの緊張感を持ってほしい。ここでは、基本的な点について再確認したい。

(1) すぐ名乗る

園にかかって来た電話の場合は、「はい（または、おはようございます）、〇〇幼稚園、鈴木です」と名乗りたい。園名だけの場合、保護者は、だれ先生が電話を受けたのか不安になることも考えられる。

なお、学生が実習に行っている場合は、原則として電話には出ないように指導している養成校が多いので注意したい。

(2) 保護者の職場に電話する場合

急用で、保護者の職場に電話する場合にも注意したい点がある。「〇〇幼稚園の鈴木と申しますが、××さんをお願いします」では不十分である。相手が仕事中であることを配慮し、次のようにしたい。「〇〇幼稚園の鈴木と申します。お仕事中申し訳ありませんが、××さんをお願いします」。これなら完璧である。

(3) 保護者の自宅に電話する場合

保護者の自宅に用事で電話することは多い。顔が見えない分、誤解を招かないような配慮が必要である。特に、ケガなどの連絡にはていねいな言葉遣いが求められる。

ある園では、ケガについては「軽い」と思っても病院に連れて行く。その後は電話でなく、担任が直接訪問して説明や謝罪をする徹底ぶりである。

Memo

(4) 電話応対時のメモの取り方

　園にかかってきた電話に対応するときに、メモは欠かせない。正確にメモをして、間違いのないように伝えたい。市販されている伝言メモ帳には「電話をかけてきた人の名前」「電話の用件の相手」や「電話を受けた日付と時間」などが印刷されていて便利である。こうしたメモ帳は、パソコンとコピー機を利用すれば簡単に作れる。

　以下にメモを取るポイントを挙げておく。

①5W1H（いつ・どこの・だれが・なにを・なぜ・どのように）が基本。
②相手の所属や名前、目的を正しく把握する。
③日時や相手の電話番号など数字は復唱して、正確にメモする。
④メモした内容を伝えるだけなのか、折り返し電話をするのかも確認する。

●図表 2-1　電話メモの例

伝言メモ	記録者		
月　　日	AM　　　：		
	PM　　　：		
（先生・様）より			
さんへ			
□電話を下さい　　□また電話します			
TEL（　　　－　　　－　　　）			
用件			

(5) 電話の留意点

①復唱を忘れずに

　園に保護者などの携帯電話からかかってくるケースも多い。雑音で聞き取れない場合は、「ちょっと聞き取りにくいのですが」と正直に聞き返す必要がある。さらにメモした用件を復唱して、万全を期したい。

②保留時間は短めに

　保護者から「○○先生をお願いします」と電話がかかってきたら、「○○は保育室におります。折り返しお電話させていただきます。ご自宅でよろしいでしょうか」としたい。保護者からの電話を長く保留状態にしない配慮も大切である。

Memo

第3章

文章表現
《基礎編》

- ❶ 文字を正しく書こう ……… 58
- ❷ 正しい表記で書こう ……… 62
- ❸ 文章作成上の留意点 ……… 66
- ❹ 文章の基本的な書き方 ……… 72

本章では、文章表現の基礎的な項目を取り上げる。正しいペンの持ち方や文字を書くときの姿勢など、基本から改めて確認する。また、正しい表記で文章を書くことについて触れる。字形の乱れた文字や当て字を文章の中に用いると、教養のない人と思われてしまうので、しっかり覚えてほしい。さらに、文章作成の留意点や書き方について具体的に触れていく。

# 文字を正しく書こう

　保育者は「先生」と呼ばれる。格好よく聞こえる反面、すべての点で完璧を求められることが多い。文字にしても、正しく美しく書くことが要求されるので、ここでは復習を兼ねて基本的な注意点を再確認してもらいたい。

(1) ペンの正しい持ち方

　ペンを正しく持つことは、文字を書くうえでとても大切なことである。小学生のときは、正しい持ち方、正しい姿勢で書いていたはずなのに、高等学校・大学（専門学校）と進学していくにしたがって正しく持てる人は減る傾向にある。

　みなさんが卒業後に勤務することになる一部の園では、ドリルやワークブックを使った文字指導を取り入れている。そのような園に就職して、子どもに文字指導を行うケースも考えられるので小学生時代を思い返して、ペンの持ち方を見直そう。

　一般的に正しい持ち方は、一番楽な持ち方で長い間書き物をしていても、比較的手が疲れにくい長所がある。筆圧が強すぎてシャープペンシルの芯がよく折れる人は、正しい持ち方でないという可能性が高い。

　正しくない持ち方をすると、字形が崩れたりして「文字が下手（へた）」になってしまう。保育者になると連絡帳をはじめとして、保護者あてに手書きしなくてはならない文書がたくさんある。学生のうちに正しい持ち方を身につけなければならない。

　文房具店では、鉛筆やシャープペンシルにつける滑り止めや持ちやすいペンも販売されているので、自分に合うものを探すとよい。

　次のような正しい持ち方、正しい姿勢で美しい文字を書くようにトレーニングしよう。

❖ エピソード ❖

　ある幼稚園の主任の話。同僚の若い教諭が字形の崩れた文字を書いていた。参観日に来た保護者から「子どもが小学校入学前に目にし、覚えるのだから、名札・出席カード・道具箱の文字などは、きちんとした教科書の文字で書いてもらいたい」との抗議があったという。

　子どもは、園の生活や遊びの中で文字を覚える。みなさんも、このような抗議を受けることがないように心がけよう。

●図表 3-1　間違った持ち方で疲れる

ペンを握りしめる形　　　　　　　　　親指が飛び出す形

●図表 3-2　正しい持ち方

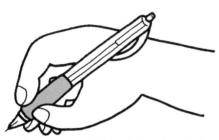

親指でペンを持ち、中指は軽く曲げて指の横でペンを支える。人差し指は軽く当てて、進む方向に動かす

親指、人差し指、中指の三点で支える

●図表 3-3　書くときの正しい姿勢

椅子に浅くかけ、両足はかかとまで床につける
上半身は少しだけ前屈みで書く
ペンを持たない手は、紙に軽く添える

❖　エピソード　❖

　国語を主に教えている、ある学習塾の塾長の話。小学校低学年の子どもたちに鉛筆の持ち方、文字の正しい書き方を教えているが、それができない子どもが増えているとか。少し厳しく指導すると、塾を辞めてしまうと嘆く。今の若い人が鉛筆の持ち方、文字の正しい書き方ができないのは、学校でしっかり教えていないケースも考えられるという。困った風潮である。
　保育者になるみなさんには、先生になるというしっかりした自覚が求められる。

（2）仮名を正しく

　みなさんの書く平仮名や片仮名は正しいだろうか？　残念ながら、90％くらいの人は、以下のような字を書いている。

> ら→ら　ゑ→れ　す→す　た→た　ゐ→る　や→や　リ→い　な→な
> シ→シ　ツ→ツ　テ→テ　ト→ト　ル→ル　カ→カ　ケ→ケ　ピ→ピ

　小学校で正しい鉛筆の持ち方を習ったものの、シャープペンシルに移った途端、親指を前に突き出す握り方になってしまったのである。この握り方はシャープペンシルの芯が折れない防御策という利点がある一方で、字形が崩れる原因になっている。

　保育者が手書きするものの代表は連絡帳である。今のままの崩れた字で連絡帳を書き、それを見た保護者は、どう思うだろうか。担任した子どもの上に小学生がいる保護者は、当然、小学校の先生の書く字と比べても不思議ではない。

　小学生時代を思い出して、正しい仮名を書くように修正しよう。

♣演習問題♣　「③平仮名／片仮名」　➡　143～144ページ

（3）字形の誤り

　覚え違いなどでの「字形の誤り」は、みなさんの提出物などに数多く見られる。覚え直さないと、保護者に笑われることになる。次に「字形の誤りベスト50」を挙げておくので、チェックしてみよう。

Column　「うっそー」はだれの責任か

　実習礼状の下書きを返却するとき、次ページの「No.49　拝」は、学生の20～30％が間違っている。「旁（つくり）の横線は３本でなく、４本だよ」と教えると「うっそー」と返ってくる。

　高等学校までの教育で指摘されていたら、「うっそー」とまでは言わないのではないかと思う。小中高校でのノートチェックが少ないか、甘い証拠とも考えられる。お礼の手紙の中で冒頭の文字を間違うと、笑われるのはみなさんである。この際、しっかり覚え直そう。

■ミニ知識■

　国語教育にかかわってきた私としては、書籍や雑誌の書体（フォント）にジレンマを覚える。なぜならば書体は文字のデザインであり、必ずしも字形の正しさを優先しているものではないからだ。したがって本書にも、いくつか字形の誤りがあるのだが、読みやすく親しみやすい紙面を作るうえで許容させていただいている。

　切り取り式の演習問題の「③平仮名／片仮名」「④教育漢字」のお手本は、字形の誤りがないフォントを用いているので、しっかりと練習して覚えてほしい。

1 文字を正しく書こう　61

● 図表 3-4　字形の誤りベスト50

No.	誤	➡	正	誤っている点	No.	誤	➡	正	誤っている点
1	方	➡	方	筆順ミスによる字形の崩れ	26	達	➡	達	「幸」ではない
2	卒	➡	卒	十は上まで書かない	27	垂	➡	垂	一画多い
3	図	➡	図	ツの位置が不自然	28	薄	➡	簿	「竹」は全体の上へ
4	私	➡	私	「ノ」が逆である	29	片	➡	片	四画目の長さに注意
5	千	➡	千	「干す」になっている	30	児	➡	児	下の字形が誤り
6	髪	➡	髪	「長」ではない	31	輝	➡	輝	「光」ではない
7	近	➡	近	しんにゅうが短い	32	秀	➡	秀	「乃」が正しい
8	病	➡	病	「疒」を正しく	33	作	➡	作	「乍」縦線を正しく
9	科	➡	科	「斗」を正しく	34	飛	➡	飛	筆順ミスによる字形の崩れ
10	土	➡	士	「土」と似てしまっている	35	女	➡	女	二画目の長さに注意
11	夘	➡	多	横に並べない	36	感	➡	感	「心」の位置
12	猛	➡	猛	「犭」と「扌」を混用しない	37	令	➡	齢	まったく別字である
13	才	➡	歳	まったく別字である	38	暖	➡	暖	「日」と「目」を区別する
14	難	➡	難	左の字形の誤り	39	彩	➡	彩	「釆」ではない
15	魅	➡	魅	「ム」が抜けている	40	迎	➡	迎	一画多い
16	問	➡	問	「門」の広がりすぎ	41	預	➡	預	一画多い
17	識	➡	識	「戈」が短い	42	幼	➡	幼	「力」が短い
18	寒	➡	寒	2カ所の誤り	43	展	➡	展	一画多い
19	飾	➡	飾	一画多い	44	規	➡	規	「貝」ではない
20	敬	➡	敬	「攵」が正しい	45	券	➡	券	「力」ではない
21	賞	➡	賞	上の字形が誤り	46	節	➡	節	「阝」は誤り
22	失	➡	先	払いが誤り	47	誕	➡	誕	「廷」と混乱している
23	奇	➡	奇	四画目は長く	48	以	➡	以	最後は留める
24	落	➡	落	「艹」は全体の上へ	49	拝	➡	拝	旁は4本が正しい
25	厳	➡	厳	「攵」が正しい	50	人々	➡	人々	「々」を小さくしない

🍀 演習問題 🍀　「④教育漢字」　➡　145～147ページ

✳✦

📖 ミ ニ 知 識

　学生の提出物の中に、ときどき俗字が混じっていることがある。正字より簡単なので覚えやすかったのかもしれない。しかし、俗字は一種の手抜き行為であり、相手に失礼になるので用いないほうがよい。よく見られる俗字は以下の通り。

　　　茅 ➡ 第　　门 ➡ 門　　耺 ➡ 職　　旺 ➡ 曜　　权 ➡ 権

　正字より時間短縮になるという人もいるが、保育者になるみなさんは、正字で書くようにしよう。

正しい表記で書こう

　文章を書くとき、正しい表記にも配慮したい。もし間違っていたりすると、その文章全体の信頼性に多大なダメージを与えることになる。

(1) 現代表記

　太平洋戦争後、表記は大きく変わった。漢字が少なくなり、代わりに平仮名が多くなっているのが特徴の1つ。学生のみなさんの提出物をチェックしていると、理由はわからないが、戦前の古い表記が混じっていることが少なくない。以下の「現代表記」のように書くようにしよう。

●図表 3-5　間違いやすい現代表記①

No.	以前の表記 → 現在の表記	補足説明
1	～の様に → ～のように	
2	づつ → ずつ	
3	是非 → ぜひ	
4	子ども達 → 子どもたち	「友達」以外は平仮名にする
5	又(は) → また(は)	
6	但し → ただし	
7	沢山 → たくさん	
8	～位 → ～くらい	
9	長目 → 長め	度合いを表す場合の接尾語は平仮名にする
10	何時も → いつも	
11	予め → あらかじめ	
12	何故 → なぜ	
13	概ね → おおむね	
14	何処か → どこか	

> **エピソード**
> 　ある教授が「何時も」と板書した。教授は「いつも」のつもりだったが、学生たちは「なんじも」と読み、理解に苦しんだそうである。現代仮名遣いが全面的に採用になったのは昭和21年(1946)なので、すでに70年以上が過ぎている。間違っても、戦前の表記で書かないように注意しよう。

●図表 3-5　間違いやすい現代表記②

No.	以前の表記	➡	現在の表記	補足説明
15	殆ど	➡	ほとんど	
16	益々	➡	ますます	
17	更に	➡	さらに	
18	流行り	➡	はやり	当て字は平仮名がよい
19	相応しい	➡	ふさわしい	当て字は平仮名がよい
20	或る(いは)	➡	ある(いは)	
21	色々	➡	いろいろ	
22	且つ	➡	かつ	
23	然し	➡	しかし	
24	及び	➡	および	
25	事	➡	こと	形式名詞は平仮名にする
26	〜為に	➡	〜ために	形式名詞は平仮名にする
27	〜という訳	➡	〜というわけ	形式名詞は平仮名にする
28	若しくは	➡	もしくは	
29	〜故に	➡	〜ゆえに	
30	即ち	➡	すなわち	
31	〜迄	➡	〜まで	
32	程	➡	ほど	
33	有る	➡	ある	
34	居る	➡	いる	
35	易い	➡	やすい	

❖演習問題❖「⑤現代表記」　➡　148ページ

(2) 誤りやすい用字用語・慣用句

　普段何気なく使っている用語が、実は覚え違いというケースが少なくない。次に代表的な誤りの例を挙げておく。意味がわからない表現は、国語辞典で調べよう。

＊＊＊

Memo

●図表 3-6　用字用語・慣用句

No.	誤った表現		正しい表現	補足説明
1	合いの手を打つ	➡	合いの手を入れる	
2	明るみになる	➡	明るみに出る、明らかになる	
3	足げりにする	➡	足げにする	
4	足元をすくう	➡	足をすくう	
5	あわや優勝	➡	優勝を逃す、もう少しで優勝	「あわや」はよくないことに使う
6	嫌気がする	➡	嫌気が差す、嫌気を起こす	
7	笑顔がこぼれる	➡	笑みがこぼれる	
8	間一発	➡	間一髪	
9	期待倒れ	➡	期待外れ	
10	口をつむる	➡	口をつぐむ	
11	クモを散らすように	➡	クモの子を散らすように	
12	園舎のこけら落とし	➡	園舎の落成記念式典	「こけら落とし」は劇場に使う
13	祝祭日	➡	祝日	戦後の法律に祭日はない
14	知らなさすぎる	➡	知らなすぎる	
15	ゼッケン番号（ナンバー）	➡	ゼッケン	重複表現である
16	第一日目	➡	第1日、一日目	重複表現である
17	子どもに手が負えなくなった	➡	子どもが手に負えなくなった	
18	手の裏を返すように	➡	手のひらを返すように	
19	手ほどきを教える	➡	手ほどきをする	「手ほどき」には教える意味があるので重複表現
20	熱にうなされる	➡	熱に浮かされる	「夢にうなされる」との混用
21	眠気眼（まなこ）で	➡	寝ぼけ眼で	
22	働きずくめ	➡	働きづめ	
23	ひと段落	➡	一（いち）段落	
24	必要にせがまれて	➡	必要に迫られて	
25	深みにおぼれる	➡	深みにはまる	
26	下手な考え休むに似たり	➡	下手の考え休むに似たり	
27	眉をしかめる	➡	眉をひそめる、顔をしかめる	
28	まんまと失敗	➡	見事に失敗	「まんまと」は「首尾よく」の意味
29	目がほころぶ	➡	顔がほころぶ	
30	目をひそめる	➡	目を細める	

♣ 演習問題 ♣　「⑥誤用しやすい用語」　➡　148ページ

Memo

Column 誤記しやすいカタカナ用語

よく使うカタカナ用語で、意外と誤記の多い用語（誤記とは断定できないが、右側のほうがよい語を含む）を以下に挙げておく。

ギブス	→	ギプス	レジメ	→	レジュメ
レポート	→	リポート	アボガド	→	アボカド
カロチン	→	カロテン	キーウイ	→	キウイ
キャンディ	→	キャンディー	ウィルス	→	ウイルス
スムース	→	スムーズ	ベット※1	→	ベッド
コミニケーション	→	コミュニケーション	ドッチボール	→	ドッジボール
ウォーキング	→	ウオーキング	ボーリング※2	→	ボウリング

※1「ベット」は「賭ける」という意味となる。
※2「ボーリング」は「掘削」という意味となる。

使い分けしたいカタカナ用語は次の通り。

- かばんは「バッグ」、後ろは「バック」
- 球は「ボール」、調理用の鉢は「ボウル」
- 球技は「バレー」、舞踊は「バレエ」
- 経歴は「キャリア」、保菌者や運輸関係は「キャリアー」
- 不利益は「ハンディ」、持ち運びしやすいのは「ハンディー」
- コーヒーなどは「ウインナ」、食品は「ウインナー（ソーセージ）」

Memo

文章作成上の留意点

　文章を作成するうえで、守らなければならない留意点がいくつかある。それらを守らずに覚え違い、思い込み、勘違いのまま文章を書くと、実習生（保育者）として笑われてしまうことになる。ここではその基本的な留意点について学んでもらう。

(1) 当て字に注意する

　漢字は表意文字で、一字いち字に意味がある。音さえ合えばよいというものではないので注意しよう。当て字の使用は「漢字を使う正しい能力」が欠けていることを証明してしまうので、十分に注意を払いたい。実習日誌や連絡帳は手書きになるので、勘違いなどによる当て字は目立つことになる。どんなしっかりした内容の文章でも、当て字があったら台無し。当て字は、間違いの恥ずかしい代表選手と心得てもらいたい。

　次ページの「当て字ベスト50」は、学生からの提出物から抽出したものである。同じ間違いをしないように心がけよう。

Column　見た目で判断されることも

　「あれから40年」のフレーズで有名な、綾小路きみまろさんのセリフに「人間は見た目じゃないよ、外見だよ」がある。結局、「見た目」「外見」が第一で同じことを言っているのである。

　毎年、実習訪問先の園長から、さまざまなクレームがつく。その１つに実習日誌の当て字がある。園長や担当保育者が日誌に書かれた内容をチェックするとき、当て字は一番目障りであり、しっかりした内容まで疑われてしまう可能性がある。日誌も「見た目」「外見」が大切なのである。

　みなさんが書く日誌には、何人かの読者がいることをよく認識してほしい。園長や担当保育者、養成校の実習担当者など５人前後になる。「読んでいただく」という謙虚さを持ち、ていねいに書くのはもちろん、当て字にも留意してほしい。

Memo

3　文章作成上の留意点　67

●図表 3-7　当て字ベスト50

No.	誤用例	正解	No.	誤用例	正解
1	臨ましい姿になる	臨 → 望	26	成積がアップする	積 → 績
2	年令がわからない	令 → 齢	27	5才児クラスを担当する	才 → 歳
3	始めて話す言葉	始 → 初	28	正しい言葉使いをする	使 → 遣
4	幼小期を過ごす	小 → 少	29	幼稚園教論になる	論 → 諭
5	先生の講議が始まる	議 → 義	30	秘密は絶体に守る	体 → 対
6	懐かしい想い出	想 → 思	31	責極的に生きる	責 → 積
7	春を向える	向 → 迎	32	専問科目を学ぶ	問 → 門
8	特意な科目	特 → 得	33	除々に成長する	除 → 徐
9	音律を整える	整 → 調	34	著しい特微	微 → 徴
10	自芽の芽生え	芽 → 我	35	巾広く学ぶ	巾 → 幅
11	完壁に仕上げる	壁 → 璧	36	功率よく仕事する	功 → 効
12	ピアノを引く	引 → 弾	37	ケガ人があとを立たない	立 → 絶
13	事故を未前に防ぐ	前 → 然	38	玄関を掃事する	事 → 除
14	サツマイモを収獲する	獲 → 穫	39	園児を引卒する	卒 → 率
15	花を裁倍する	裁倍 → 栽培	40	保護者を紹待する	紹 → 招
16	気嫌の悪い子ども	気 → 機	41	遊びに無中になる	無 → 夢
17	連休開けから始まる	開 → 明	42	既応症を記入する	応 → 往
18	おもちゃを貸りる	貸 → 借	43	暖かい給食を食べる	暖 → 温
19	園の方針に添って保育する	添 → 沿	44	先生の話に関心する	関 → 感
20	試合に破れる	破 → 敗	45	対象的な2人の園児	象 → 照
21	お遊技会を開く	技 → 戯	46	プールに殺倒する	倒 → 到
22	普段の努力をする	普段 → 不断	47	挙動不信な人	信 → 審
23	アドバイスを活かす	活 → 生	48	B5版の用紙	版 → 判
24	赤々と点灯する	赤々 → 明々	49	手造りの紙芝居	造 → 作
25	猫の泣きまねをする	泣 → 鳴	50	害虫を補殺する	補 → 捕

♣演習問題♣　「⑦当て字」　➡　149〜150ページ

＊†＊

ミ ニ 知 識

　戦前は「障碍（しょうがい）」が主流だった。戦後になり当用漢字表（現在は常用漢字表）が制定され「碍」が外されたために「害」で代用した。「害」には「そこなう、さまたげ」の意味があるので、一部の人は「障がい」と「害」を平仮名で表記している。しかし、「障」にも「じゃま」などの意味があり、障害者に不適切な言葉になっている。私は「痴呆症」が「認知症」と替わったように、別の言葉にするのがベストと考える。

　厚生労働省関係の法律、たとえば「障害者自立支援法」などはすべて漢字である。保育士養成施設の指定を受けている養成校では、厚生労働省の漢字表記にならうべきであろう。ちなみに文部科学省に出す学則の科目名も「障害児保育」と漢字になっている。

> ### *Column* 「齢」と「令」は同じか
>
> 　民放のテレビを見ていると、「年令」「5才児」などとテロップ（字幕）が流れることがある。これは俗字、略字というもので、世間では通用しているが正確ではない文字である。
> 　「令」には「いいつけ、法律」という意味はあるが、「齢」の「よわい（齢）、とし」はない。同じく「才」には「生まれつき、わずかに」という意味はあるが、「歳」の「1カ年」などはない。
> 　一般的には許容されているのだが、保育者になるみなさんは、俗字や略字でなく「年齢」「5歳児」と正しく書くようにしよう。

(2) 差別語、不快用語、隠語は用いない

　性別や身体の状態などについて、差別の観念を表す言葉などは基本的人権を守る立場から用いないことになっている。保育者として保護者との連絡などにうっかり使うことのないようにしよう。

●図表 3-8　差別語、不快用語の例

No.	差別語、不快用語	言い換え例	No.	差別語、不快用語	言い換え例
1	めくら	目の不自由な人、視覚障害者	9	どもり	発音の不自由な人、吃音のある人
2	百姓※1	農民、農家の人	10	床屋	理髪店
3	町医者	開業医	11	坊主	僧、僧侶、お坊さん
4	部落	集落、地区	12	外人※3	外国人
5	婦人警官	女性警官	13	未亡人	夫を亡くした女性
6	父兄会※2	保護者会、PTA	14	片親	母子家庭、父子家庭
7	男勝り	使用不適切	15	美人選手、アナ	使用不適切
8	登校拒否児	不登校の児童			

※1「百姓」は本人が使う場合は問題ない。
※2「父兄会」は旧民法の遺物なので「保護者会」「PTA」がよいだろう。「父母会」は母子家庭（父子家庭）の人もいるので使用しない。
※3「外人」を使用する人が減らない。子どもの保護者にも外国出身の人が増えているので注意したい。

　私たちの生活に、意外と多く入り込んでいるのが暴力団用語を主とする隠語である。保育者として間違っても使用しないようにしよう。

Memo

●図表 3-9　隠語の例

No.	隠 語	言い換え例	No.	隠 語	言い換え例
1	ヤンママ※1	ヤンキーの格好をしたお母さん	8	チクり(る)	密告・告げ口(する)
2	デカ	刑事・警察官	9	イカサマ	いんちき
3	ツッパリ	虚勢を張る	10	落とし前	失敗の後始末
4	おちょくる	からかう	11	縄張り	勢力範囲
5	パクる(り)	逮捕する、だまし取る(こと)	12	やばい	危険だ、まずい
6	チャリンコ	自転車	13	ずらかる	逃げてどこかに行く
7	いちゃもん	言いがかり	14	ガンをつける	相手の目をじっとにらむ

※1「ヤングママ」(若いお母さん)の略としても使われるが、上記のような意味を持つ隠語は用いないようにしたい。

好ましくない例

　自転車で子どもを園に送ってきた母親が、歩道に止めたままにした。それを見た保育者が「お母さん、チャリンコ、歩道に止めないでください」と大声で叫んでしまった。それを聞いたほかの母親たちの失笑を買ってしまった。「先生」という意識に欠ける言葉選びである。

❖演習問題❖　「⑧差別語」　→　151ページ

(3) 記号の使い方

　文章を書くときには、さまざまな記号を用いる。ここでは基本的な記号について確認しよう。

①句点「。」の使い方

　文末につける。会話などの場合は「東京へ行きました」と「。」を省略する。小中学校の教科書は「東京へ行きました。」となっているが、通常の文章では省略するのが普通である。

②繰り返し記号

　同じ漢字が連続する熟語に用いる。たとえば「人々」「国々」「近々」「点々」「大々的」など。子ども向けの図書では「人びと」「国ぐに」とするものもある。「人々」の「々」を極端に小さく書く「人々」は誤り。「大学学長」や「民主主義」には用いない。今は「ゝ」「ゞ」「〃」などの繰り返し記号も使わない。

Memo

③リーダー「…」の使い方

　言葉の省略や無言を表現するときに用いる。普通は点6つ「……」とする。省略の場合は「わからないなぁ……」とし、無言の場合は「……」となる。

　リーダーは一字分に点が3つ入る「…」が正しく、「・」（中点）を3個用いる「・・・」ではないから気をつけよう。

　54ページの下から8行目を参照してほしい。

④かっこの使い方

　［（〈　〉）］の順で使う。引用符は「『"　"』」の順で使う。ただし「"　"」は乱用しないほうがよい。

例 文	「太郎くんは『足が痛いよ』と言った」 「アンデルセンは『おやゆび姫』を書いた」

⑤中点「・」の使い方

　単語を列記するときに使う。読点を使った「感想、反省、考察欄」でもよい。

例 文	感想・反省・考察欄

⑥疑問符・感嘆符の使い方

　文末につける場合は、次に「。」は用いない。次に文が続くときは、1字空ける。

例 文	「どうしてなの？　なぜ、言わないの？」

　文中につける場合は、1字空けなくてよい。

例 文	「うれしい！と思った」 「不思議？と思った」

　ただし、疑問符・感嘆符は実習日誌などではなるべく使わないこと。使いたくなったら、その思いや気持ちを文章で表現すると具体的になり説得力が増す。

＊＊＊＋＊＊＊＋＊＊＊＋＊＊＊＋＊＊＊＋＊＊＊＋＊＊＊＋＊＊＊＋＊＊＊＋＊＊＊＋＊＊＊＋＊＊＊＋＊＊＊＋＊＊＊＊

Memo

（4）重複表現は避ける

「年老いた老婆」式の重複表現にも注意しよう。以下、文章を書くときの参考に例を挙げておく。

①最後の追い込み（「追い込み」でよい）　⑨思わぬハプニング（「ハプニング」でよい）

②例外に漏れず（「例に漏れず」でよい）　⑩薄目を開ける（「薄目になる」でよい）

③突然卒倒する（「卒倒する」でよい）　⑪いまだ未完成（「未完成」でよい）

④ただ今の現状（「現状」でよい）　⑫従来から（「従来」でよい）

⑤古来から（「古来」でよい）　⑬約数千円くらい（「数千円」でよい）

⑥犯罪を犯す（「罪を犯す」でよい）　⑭ほっそりしたスリム型（「スリム型」でよい）

⑦毎日曜日ごと（「日曜日ごと」でよい）　⑮被害を被る（「被害を受ける」「被害に遭う」でよい）

⑧焼き肉を焼く（「焼き肉をする」）

❖演習問題❖ 「⑨重複表現」 ➡ 151〜152ページ

（5）同じ言葉を多用しない

同じ文章や段落内に同じ言葉を多用すると、すっきりとした文章にならない。言葉の多用は夢中で文章を書いていると意外に気づかないので、推敲（すいこう）の段階でチェックしたい。たいていは別の言葉に置き換えられる。以下に好ましくない例を挙げておく。このほかにも、みなさんの提出物の文中に「もの」「うち」「わけ」を多用するケースが見受けられるので注意したい。

①「こと」の多用

例文	私がこの大学に入って思ったことは、グラウンドが狭いことだった。次は、学生食堂がないことだった。こんなことで、卒業まで我慢できるか、不安になったこともあった。

②「しかし」の多用

例文	私はやっと会場に着いた。しかし、到着が遅れたので、よい席はなかった。しかし、とても楽しかった。

Memo

文章の基本的な書き方

　みなさんが保育者となったとき、書いた文章は1人以上の読み手（読者）がいる。読み手にとって読みやすい文章を書く配慮も忘れてはいけない。ここでは文章を書くときの基本的な注意点について学んでもらう。

(1) 短文で書く

　私たちが目にする新聞などの文章は、短文で書かれている。

　朝日新聞「天声人語」（2017年8月25日付）を例に取ろう。この日の総字数は611字（句読点を含む）で21の文章から成り立っている。計算すると、1つの文章は平均25字。一番長い文章が58字で、短いものは9字である。

事例

朝日新聞「天声人語」（2017年8月25日付）

　人との出会いと同じく、本との出会いにも偶然のおもしろさがある。目当ての本を探して歩く図書館でばったり。友人の本棚でばったり。そして本屋さんの店先で、手招きする本がある▶大きな書店でなく「本や」という雰囲気を持った小さな店が好きだと、詩人の長田弘さんが書いている。本の数は少ないけれど構わない。「わたしは『本や』に本を探しにゆくのではない。なんとなく本の顔をみにゆく」のだから▶小さい店だから、ほとんど全部の棚をのぞく。自分の関心の外にある本、予期しなかった本がある。とくに夜、静かな店で「まだ知らない仲の本たちと親密に話をするのは、いいものだ」。そして1冊を買う▶まちの小さな本屋は、とりわけ子どもたちにとって、知らない世界への入り口でもあった。作家の町田康さんが小中学生の頃を振り返って書いている。ひとりで書店に行き、新しい文庫本を手にすることで「頭のなかにおいて、どんどん遠いところに行くようになったのである」▶そんな場所は残念ながら、減る一方のようだ。書店が地域に一つもない「書店ゼロ自治体」が増えていると記事にあった。自治体や行政区の2割を超えるという。消えてしまった店を思い起こした方もおられるか▶ネットで頼めば自宅に届く。車で大型店に行けば話題の新刊が手に取れる。まちの本屋が減る理由は、本好きであるほど思い当たるかもしれない。豊かな出会いの場とは何だろう。読書の秋を前に、考え込んでしまう。

Memo

実習日誌、連絡帳も短文で書くようにしたい。短文で書くと、文章のねじれが防げるとともに、相手に伝わりやすいなどメリットが多い。これは前述した会話にも通じる。

(2) 文末に注意する

文末には「です・ます」の敬体、「である」の常体の2通りある。

敬体で書くと長文になりがちなうえに、ソフトになるので主張が伝わりにくい傾向にある。保育の現場で敬体は連絡帳や手紙など、常体は実習日誌や小論文に用いられる。

この2つを混ぜると、不安定な文章になるので注意したい。

もう1つは、同じ文末の繰り返しである。「～である。～である。～である」と続くと単調になるので「～だ」「～と思う」などを取り入れて、変化を持たせる工夫が必要である。

文末が不統一で不安定な文章

私は、自然の大切さを教え、共有、共感できる保育者を目指したい。そして、温かい心で子どもたちを包み込めるような保育者でありたいと思います。

現在の社会では都市化が進み、子どもたちが遊ぶ公園や空き地が減少しています。それが影響して木登りをするなど、自然に触れる機会が少なくなってきている。また、ゲーム機を片手に持ち歩いている子どもが多く見られ、部屋に1人で閉じこもって遊ぶ傾向も多くなってきている。

自分の考えを述べる文章なので、文末は常体で統一する。文章を見せる相手、たとえば園長などの上司や保護者が対象になる場合は敬体にしたい。

常体で統一した例

私は、自然の大切さを教え、共有、共感できる保育者を目指したい。そして、温かい心で子どもたちを包み込めるような保育者でありたいと思う。

現在の社会では都市化が進み、子どもたちが遊ぶ公園や空き地が減少している。それが影響して木登りをするなど、自然に触れる機会が少ないと言われる。また、ゲーム機を片手に持ち歩いている子どもが多く見られ、部屋に1人で閉じこもって遊ぶ傾向も多くなっている。

Memo

(3) 句読点の打ち方

句点「。」は文末に打つので、あまり間違う人はいないだろう。問題は読点「、」である。以下に例文を挙げて説明する。

> **例文**
> ①-1 「僕は、きのう、忘れ物をして、先生に叱られた」
> ①-2 「僕はきのう忘れ物をして、先生に叱られた」

①-1の例文は読点が多すぎるケースで、まるで小学1年生の作文のようになっている。読点は①-2くらいがちょうどよい。

> **例文**
> ②-1 「規定を設け組織を整え社内に周知すればよしとし内実がついてきていないところが少なからずあるのではないか」
> ②-2 「規定を設け、組織を整え、社内に周知すればよしとし、内実がついてきていないところが少なからずあるのではないか」

②-1の例文は、逆に読点が不足していて読みにくい。読点を②-2のように3カ所打つと読みやすくなり、内容もわかりやすくなる。

400字詰原稿用紙に書く場合は、1行が20字となる。そのため1行か1行半に1回読点を打つとよい。先の例に挙げた「天声人語」の句読点の打ち方も参考になる。

(4) 段落の作り方

本を読んだときに、どのくらいで段落が変わっているか注意してほしい。頻繁に改行してあると、ページ全体がぱらっとした感じになる。逆に改行がほとんどないと読みにくい。

学生の提出物で一番困るのは、提出された400字詰原稿用紙2枚に対して、改行ゼロというケースである。ビッシリと埋め尽くされた文字を読むのは骨の折れる作業である。読み手のことを考え、この場合は原稿用紙1枚につき2～3回改行するのが普通である。

次のような場面で改行し、新しい段落にするのもよい。

> ・時間や場面などが変わる。
> ・書く対象が変わる。
> ・その段落が長すぎる。

Memo

改行すると、その下は文章がなく空白となる。この空白が読み手の息抜きとなり、次を読む活力にもつながる。

(5) 引用文の書き方

基本的には、何から引用したかを明記すればよい。引用文が短い場合は、出典を明記し、「……（ここは引用文）……」とする。40ページの「（1）愛情を持って話す」の上から4行目のようにするとよい。

数行にわたって引用する場合は、左を2字程度開けて「引用文」ということがわかるようにする。最後に（　）内に出典を書く。32ページの下から6行目からのようにするとよい。

(6) 事例の引き方

「以前の新聞かテレビで知ったのだが……」「昔、聞いた話だが」では、よくある噂話と同じレベルに陥ってしまう。「×月×日の○○新聞による」と出典を明記すること。72ページの事例のタイトルのようにしてもよい。

データを引くときは新聞もよいが、各省庁から発行されている「△△白書」が信頼できる。たとえば、昨年の出生者数なら「厚生労働白書」がより正確で、今はウェブで簡単に調べられる。

(7) 見た目も大切

日本語は漢字と平仮名・片仮名を混ぜて書く。手書きの場合、これらを美しく書くことは読み手への思いやりにもなる。次の2つのポイントを守ると見た目に美しい仕上がりになる。

・**漢字はやや大きく、平仮名・片仮名は少し小さく書く：**
　同じ大きさより美しく、大人の字になる。
・**漢字・平仮名・片仮名のすべての文字をやや右上がりに書く：**
　文字を水平、右下がりに書くと見た目が悪く、子どもっぽく見える。右上がり、水平、右下がりの混用は最も読みにくく、落ち着きのない仕上がりになる。

次ページに美しく仕上げられた原稿の例を挙げておく。この原稿の文字は元小学校教諭の人が書いている。保育者になるみなさんも、見た目に美しく原稿を仕上げるよう心がけてほしい。

✽✽

Memo

●図表 3-10 美しい書き方の例（柏マサエ著『涙の向こうに』の原稿より一部を拡大）

子供たちの抵抗

初めて高学年担任になって、五・六年を持ち上がった学級。私も

い出来事が、いくつかあります。同窓会では決まって話題になり、

い出話で済まされるようになりました。

六年生。思春期の入り口にさしかかった子供たちの対応で、心労

た。ズーンと頭が重いままの目ざめ。「今日こそは、明るい笑顔で

と心に誓いながら床を離れるのです。

ある日。男子の一部が五時間目の授業が始まるというのに、教室

「外でサッカーをやっていたよ」との報告。ムラムラとした気持ち

（8）読み手に思いやりを

　保育者として書いた文章には読み手がいると、前述した。シャープペンシルを使用する場合、読めないような「薄さ」で文字を書く人がいる。そのうえ、文字が小さかったら読み手はお手上げである。このような状態だと、読むのに倍の時間を要してしまう。

　40歳を超すと「老眼」が始まり、薄い字、小さい字は極端に読みにくくなる。「読んでいただく」という謙虚な姿勢を持って「濃く、大きく」書いてほしい。

　上手い下手は別にして、心を込めて楷書で書くのはもちろんである。

❖ **エピソード** ❖

　実習のときでもプロの保育者になっても、提出期限は守りたい。できれば、期限以前に提出するとよい。時間的に余裕があると、手直しも余裕を持ってできる。就職してから、期限ぎりぎりになって「今すぐ見てください」とお願いするのは、上司に対して失礼になることを知っておいてほしい。これは、読み手に対する思いやりの1つである。

第4章

文章表現
《応用編》

1. 実習日誌の書き方……78
2. 指導計画の書き方……88
3. 実習礼状など手紙・ハガキの書き方……93
4. メールの書き方……104
5. 履歴書の書き方……107
6. 小論文の書き方……112
7. 連絡帳の書き方……125
8. 園だよりの書き方……133

本章では、文章表現の応用的な項目を取り上げる。「実習日誌」「指導計画（指導案）」の書き方について国語表現の観点から触れる。また、社会生活で必要となる手紙やハガキの書き方を解説する。さらに、厳しい就職活動を勝ち抜くための「履歴書」「小論文」、夢をかなえて保育者となった際に必要となる「連絡帳」「園だより」の書き方を身につけてもらう。

実習日誌の書き方

　幼稚園教諭や保育士になるためには、いくつもの実習をクリアしなければならない。実習から戻った学生に「何に一番苦労したか？」と聞くと「実習日誌！」という返事が多い。事前に指導を受けていても、園によって状況が異なるうえ、対象となる子どもも違うので当然である。

　実習日誌の書式は全国的に統一されておらず、養成校によってスタイルが異なっている。本書では、各養成校の実習日誌を検討したうえで、もっとも標準的と思われる書式で解説する。具体的な書き方については実習指導の先生から学んでもらうが、ここでは国語表現の観点から実習日誌の書き方について触れておく。

(1) 実習の種類

　実習には、次の表のような種類がある。どの実習でも日誌を書くことになる。

●図表 4-1　実習の種類

見学実習・観察実習	参加実習	責任実習	
		部分実習	全日実習（1日責任実習）
保育現場を見学、または保育活動の展開について学ぶことを目的に観察する基本的な実習	保育者の補助の立場で保育に参加・援助する実習	責任を持って行う実習で、数分から長いと半日となる場合もある	責任を持って、朝の登園から降園までの1日全部の保育を行う実習

(2) なぜ、実習日誌を書くのか

①実習日誌は公式文書である

　法律にしたがって幼稚園教諭や保育士の資格が取得される。その単位の一部である実習で書く実習日誌は公式文書である。内容はもちろん、後に述べる「（4）書くときの留意点」（80ページ参照）をよく守らなければならない。

Memo

② 実習日誌は保育者になる成長の記録のために書く

　どのような出来事があったかを記録し、1日の反省や考察を書く。文章は簡潔、明瞭に書くようにしたい。

③ 実習担当者の指導材料になる

　実習日誌に書かれた内容を実習指導者が読み、以後の指導方法や指導内容を考える材料になるので、読んですぐわかる書き方がよい。あいまいな書き方などをすると、実習指導者を困らせることになる。

(3) 注意したい用語表現

　幼稚園や保育所では独特の用語表現がある。これは専門用語というより、どの分野にもある「業界用語」の一種である。職員間で通じる言葉なので、実習日誌もこれで書くようにしよう。以下、列挙しておく。なお、一部の園では用いられていない場合がある。

●図表 4-2　注意したい用語表現の例

No.	一般的な表現	望ましい表現	No.	一般的な表現	望ましい表現
1	昼寝	午睡・睡眠（お昼寝）	7	教室	保育室
2	登校・下校	登園・降園	8	トイレ	排泄または排便
3	昼ご飯	昼食または給食	9	親・両親・父兄	保護者
4	食べ物をよくかむ	咀しゃく	10	帽子をかぶる	着帽
5	なぐりがき	ぬたくり	11	寝つく	入眠
6	軟らかいご飯	軟飯	12	全部食べる	完食

専門用語もさまざまある

　ある大きな地方都市の施設に実習訪問した。担当者から「実習生が側臥位を知らないが、教えていないのか」との叱りに近い質問を受けた。戻って、科目担当者に聞くと「古い専門用語であり、『横向きに寝ている状態』と教えている」とのことだった。続いて、県立乳児院の資料を見せてもらったが「横向きに寝ている状態」とあり「側臥位」という表記は見当たらなかった。実習先によって専門用語もさまざまあるという例である。

ミニ知識

　離乳食の一種で、おかゆと普通のご飯の中間くらいのものを「軟飯」と呼ぶのが流行している。読み方は「なんはん」もしくは「なんばん」で、「なんめし」「やわめし」「ゆるめし」は正しいとは言えない。
　育児用語は次々と誕生する。たとえば「完母」は「かんぽ」と読み、完全母乳で育てる意味に用いられている。みなさんも保育者になったらアンテナを張って情報収集し、新しい育児用語に的確に対処してほしい。

(4) 書くときの留意点

①読者のために読みやすく書く

　実習日誌の清書は、普通ボールペンで書く。修正液で直した跡だらけにならないよう鉛筆で下書きしよう。また、文字は適正な大きさで楷書で書く。文字が小さすぎる人がいるので注意したい。

　実習日誌には数人の読者がいることを忘れずに。担当の保育者、主任、園長、大学（専門学校）の先生（複数という養成校が多い）とたくさんの人のチェックを受けるので「読んでいただく」という謙虚な姿勢を念頭に置いて、読みやすく書く。

②誤字・脱字、行の揺れに注意する

　誤字・脱字に注意しよう。わからない言葉は、国語辞典を引く。ピアノにこだわりを持つ園があるように、ときには誤字・脱字に厳しい園もある。実習日誌を書き終えたら誤字・脱字がないかしっかりチェックするようにしたい。また、行の中は水平に書き、上下に揺れたり、右上がりに書かないようにする。

③話し言葉、若者言葉や流行語は用いない

　「ブランコから落っこちそうで、やばかった（流行語）」➡「ブランコから落ちそうで、危なかった」、「すごく、びっくりした（話し言葉）」➡「大変、驚いた」など、流行語や話し言葉は正しい表現で書くようにする。以下、主な言葉を挙げておく。

●図表 4-3　直したい流行語、話し言葉、若者言葉の例

No.	直したい表現	正しい表現	No.	直したい表現	正しい表現
1	ほんとに、ホントに	本当（ほんとう）に	9	ぼくは、自分は	私は
2	〜なのに、〜なので	〜だから	10	じゃない	ではない
3	やっぱし、やっぱり	やはり	11	いろんな	いろいろな
4	ちゃんと	きちんと	12	〜みたい	〜のようだ
5	おもしろいと思った	興味深く感じた	13	こんな	このような
6	〜しとく	〜しておく	14	うまかった	おいしかった
7	こないだ	この間	15	〜してます	〜しています
8	やめとく	やめておく、やめる	16	時たま	時々

▌▌ミ ニ 知 識▌▌

　「自分」に関して「話し手自身を指す言葉。〔旧軍隊で多く用いられた〕」（新明解国語辞典・第五版）とある。「自分」は旧陸軍で用いられた言葉である（旧海軍では「私」で統一されていた）。平成生まれの学生、それも女子の一部に「自分」を一人称に使う人がいるが「私」にしたい。

　なお「自分勝手」「自分自身」などは構わない。

④抽象的でなく、具体的に書く

「とても感動した」では抽象的でわかりにくいので「××を見て、私の予想していたことと同じだったので感動した」としたい。また、「10：00　プール遊びをする」ではわかりにくいので「子どもたちの様子はどうだったか、どんな遊びをしたか」を書く。

普通は、1日の流れに沿って「主な活動」「子どもと保育者の様子」「実習生のかかわり」を書く。それらを詳しく書くだけでなく「保育者や実習生の働きかけに対して、子どもがどのように反応したか」まで具体的に書くと、子どもへの理解とともに自らの理解が深まる。

⑤高圧的な言葉に注意する

実習日誌は「命令調」で書かない。「座るように指示する」→「座りましょうと声をかける」、「給食を食べさせる」→「給食を食べる援助をする」と書き換えるようにする。

⑥守秘義務に注意する

実習生は園で知った情報を家族などに知らせてはいけない守秘義務がある（39ページ参照）。日誌に子どもの名前を書くときも、実名でよいのか匿名にするのか、前もって指導を受けた形で書く。

⑦主語を明記する

保育者なのか実習生なのかを書かないと、不明瞭になる。また、人称代名詞の不統一にも注意する。たとえば「園児たち」「子どもたち」の混用で、どちらかに統一したい。

⑧現在形で書く

「主な活動」などは、現在形で書くのが普通である。「プール遊びをした」→「プール遊びをする」とする。

(5) その他の留意点

①表現は慎重に

ある実習生が、午睡を観察していた。寝ないで走り回る子を保育者がつかまえて、そのままゴロリと横になった。この様子を実習日誌に「乱暴な寝かせ方をしていた」と書いてしまった。後日、園長が日誌を見て、この保育者は厳しく叱られた。保育者と園児は毎日の生活を通して信頼関係で結ばれている。「乱暴な寝かせ方」かどうかは、短期間の実習生では判断が難しい。

> **✤ エピソード ✤**
>
> 　ある幼稚園の主任の話。実習先に障害があると思われる子どもがいる場合、許可を取って観察したり、記録することは構わないが、勝手に「○○障害と思われる」と実習日誌に書かないこと。病名を診断するのは医師の仕事であり、素人がしてはいけない。
>
> 　また、実習日誌には「友達との話が通じない」と書くのではなく、「友達の話を理解することが困難なようである」というように、決めつけない表現で記入したいとのことである。

実習は保育を学ぶために「させていただいている」のであって、批判するためにしているのではないことを肝に銘じてもらいたい。

②提出期限を厳守する

毎日、提出するのが普通である。提出期限を守らなかったために、実習が中止になったり「不合格」になった例もある。

ある実習生は日誌を自宅に持ち帰っていたが、書けなかった。翌朝「日誌、忘れました」と言い逃れしたが、次の朝も提出できず同じウソをついた。とうとう園側から「今から、日誌を取っていらっしゃい」と言われ、帰宅した。今さら、書いてない日誌を持って行けないので、そのまま実習が中止になってしまった。

実習の後半になると指導案の提出が加わり、ますます忙しくなる。実習日誌は提出期限を守って、その日のうちに書くようにしたい。

Column 「実習評価票」に書かれた「所見」から

次の例は、ある実習先の先生が日誌の「所見」欄に記載した文章である。同じような指摘を受けないように心がけよう。

事例①

日誌や記録については誤字・脱字が目立ち、また、1日の保育の流れもよく観察できていない部分が多く、教師からの指導や添削も多かった。子どもの様子やそれに対する教師の援助などに注目して観察してほしいと伝えてきたが、所見・考察・反省には文章でうまくまとめられず苦戦している様子だった。（中略）計画性の甘さや自分自身が最後まで一生懸命にやり遂げようとする気持ちや意欲に欠けていた。

事例②

日誌や記録の文字がかなり乱雑で読みにくい。ていねいに記入するように日々伝えたが、注意された部分だけで、全体的に改善しようという気持ちは見られなかった。また、考察や所見に「～ができなかった」「～がよかった」という記載が多く、それについて「どう考え、学んだのか」という踏み込んだ学びができなかった。実習生同士の私語や実習とは無関係のプライベートな話も多く、注意を促した。

Memo

1　実習日誌の書き方　　83

　次ページに「直す必要がある実習日誌の例」、86〜87ページに「直す必要のない実習日誌の例」を挙げてある。なお、本格的に勉強したい人には、相馬和子・中田カヨ子編『幼稚園・保育所実習　実習日誌の書き方』（萌文書林）をお勧めする。

Column　実習日誌タブー集

　実習日誌は、保育者になるための公式文書と述べた。にもかかわらず、安易に考えている学生が少なくない。絶対にやってはいけないタブー10カ条を列挙しておく。

①**代筆してもらう**：友達や家族に書いてもらう。これは守秘義務違反（39ページ参照）であり個人情報を漏らすことにもつながる。

②**丸写しする**：養成校などで作成している冊子「実習の手引き」から「実習の目標」をそっくり写したケース。幼稚園・保育所実習の解説書の一部を丸写ししたケースなどもある。丸写しは「盗作」であり、絶対にしてはならない。

③**日誌を汚したり、紛失する**：食事しながら日誌を書いたため、食べ物や飲み物をこぼしたり倒したなどの理由が考えられる。日誌はていねいに扱い、クリアケースなどに入れ保管することが大切である。また、実習帰りに遊びに行き、日誌を紛失してしまい、不合格になった例もある。

④**バラバラのペンを使う**：数種類のペンを使用して書く人がいるが、極めて読みにくい。また「代筆」と疑われてしまうこともあるので、同じペンで書きたい。

⑤**下書き時の鉛筆線の消し忘れ**：曲がらないように、最初に鉛筆で線を引いておくのはよい。書き終わったら、ていねいに消さないと文字が二重に見えて、とても読みにくい。

⑥**枠外にはみ出して書く**：枠からはみ出して書くと、計画性がないと言われてしまう。さらに、何とか1行に収めようと、だんだんと小さな文字で書くのも好感を持たれない。

⑦**くせのある字で誤字・脱字が多い**：丸文字はもちろん、トメ・ハネなどにも注意を払ってほしい。誤字・脱字は国語辞典を引かずに、記憶だけで書く人に多い。絵文字は厳禁である。

⑧**改行がない**：文章の始まりは「1マス空け」て、内容が変わった際は「改行」し、整理して書く。改行がない文章は読みにくく、読み手に対する思いやり不足である。

⑨**訂正が見苦しい**：実習先によって、訂正印を用いて修正する園、修正液・修正テープの使用を許可している園とさまざまである。園の指示にしたがい読み手の存在を忘れずに、見苦しくなく訂正する。

⑩**補充資料をバラバラにとじてある**：指導案などの資料を日誌にとじるときは、でこぼこにならないよう注意する。とじ方がわからないときは指導を受ける。

Memo

84　第4章　文章表現《応用編》

●図表 4-4　直す必要がある実習日誌の例

実 習 日 誌（※ポイントを書くタイプの日誌）

7月27日　月曜日	天候	出勤	8時10分	実習学級	りんご組3歳児21名	指導者印	
	晴れ	退勤	17時30分				

本日の主な活動	・プール遊び
本日の実習のねらい	・子どもと積極的にかかわる。

時　間	主な活動	子どもと保育者の様子	実習生のかかわり
10:00	プールの時間。子どもたちは大はしゃぎで遊んでいた❶。水をかけ合ったり、じょうろや穴の開いたペットボトルで遊んでいた。	Hちゃんがバタ足をしていて先生❷が「Hちゃん、上手」と声をかけると、ほかの子どもたちもバタ足を始めた。	遊びに夢中になっていても、先生❷の言葉は耳に入っていることを知った。となると、❸先生❷の言葉かけがいかに重要であるかがわかった。
12:00	昼食の準備。	Sくんが椅子を持ってきて「お姉ちゃん、座って」と言ったので座った。するとMちゃんが来て「先生❷、こっちに来て」と言い、私の手を引っ張る。取り合いになったところで保育士❷が「Sくんのほうが先だったから、今日はSくんの隣に座ってもらおう」と事態を収拾してくださった。	2人の思いはわかっていた❹が、どのような声かけをすればよいかわからなかった。❹このような状況になったときは、言うことをちゃんと❺言わないと理解してくれないということを学んだ。保育士❷の混乱を収める言葉かけも見習いたいと思う。
13:30	午睡の時間。	Aちゃんは優しくトントンして寝かそうとしても起きたままだった。りんご組のみんなが眠りについても起きており、目をパッチリしていた。「一緒に横になってあげてください」と保育士❷に助言をいただき、実際にやる❻。Aちゃんは最初、私に抱きついたり顔を触ったりして落ち着かなかったが、すぐに❼眠りについた。	子どもを寝かせるとき、ただトントンさせるのではなく、安心できるような環境作り、その子に合った寝かせ方を考案❽することが求められているのだと思った。

考察・反省事項など

○子どもとのかかわり
実習初日で、実習生という珍しさもあって、りんご組の子どもたちは積極的にかかわってきてくれ、また、ほかのクラスの子どもたちもかかわってくれて、子どもは本当に好奇心旺盛なんだな❾と改めて思った❿。1人の子どもと遊んでいると、2人、3人と増えていく。そうすると⓫、元々遊んでいた子どもがすねてしまい、衝突することも少なくなかった。子ども同士の衝突が起きたとき、どのような対処をすべきか迷って困って⓬しまった場面が多々あった。独占したい⓭気持ちもわかるが、それはただのわがままなのだろうか。どちらにしても、みんなが納得できるような援助を考えていきたい。⓮今日1日でたくさんの子どもとかかわることができたが、りんご組の子ども全員とかかわれなかった⓯。このようなこともあり⓰本日のねらいを達成できたとは言えない。かかわるときのチャンスは、やはり遊びだと思う。いろんな子⓱と遊びを通してかかわっていきたい。

指導者所見

（省略）

●実習日誌の例の直したい点

❶「いた」と過去形でなく「いる」と現在形で書くのが普通である。以下の文末も同様に直したい。

❷日誌の中に「先生」と「保育士」を混用している。どちらかに統一したい。ただし、会話部分は除く。

❸「となると」は話し言葉なので「そこから」などにしたい。

❹1つの文に同じ言葉を用いないほうがよい。「2人の思いは理解できたが、どのような声かけをすれば
よいかわからなかった」くらいにしたい。

❺「ちゃんと」は話し言葉なので「きちんと」に直したい。

❻「やる」は乱暴な表現なので「行う」にしたい。

❼前後関係から「すぐに」は不適切で「まもなく」くらいがよい。

❽「考案」は大げさすぎるので「考える」「見つける」くらいにしたい。

❾「なんだな」は「な」をとり「なんだ」とするとすっきりした表現になる。

❿長文なので、2〜3の文章に切るとよい。

⓫「そうすると」の「そう」を取り「すると」でよい。

⓬「迷って困って」煩雑なので片方で意味は通じる。

⓭主語を書きたい。主語（だれが）、目的語（何を）が抜けやすいので注意したい。

⓮改行がなく読みにくいので、ここで新段落にしたい。

⓯「全員とかかわれなかった」で切らずに「全員とかかわれなかったことを反省している」としたい。

⓰項目なので「本日のねらい」と「　」に入れるべきである。

⓱「いろんな」は話し言葉なので「いろいろな」または「たくさん」がよい。「子」は「子ども」「幼児」
にしたい。

●実習日誌の例のその他の留意点

1）上の指摘以外に、各文章に不安定な箇所が目立っている。文章の推敲が甘いのが原因である。

2）ポイントを書くタイプの日誌の場合は、子どもと保育者の様子を鋭く観察し、要点を押さえて書く。

3）「考察・反省事項など」の欄で「子どもとのかかわり」に的を絞ったのはよいが、終わりのほうで「〜
と思う」「いきたい」という表現は他人事のようにも受け取れる。決意が伝わるように「〜遊びで
ある」「〜かかわって多くのことを学びたい」としたい。

4）「考察・反省事項など」の欄に改行（新段落）がないので読みにくい。

※実習日誌は担任、園長（または主任）、終了後は実習担当の先生と何人ものチェックを受けるので見
やすくわかりやすく書くように心がけてほしい。

Memo

86 第4章 文章表現《応用編》

●図表4-5 直す必要がない実習日誌の例

実 習 日 誌 （※時系列タイプの日誌）

9月7日（月）	天候	出勤	8時10分	実習学級	みかん組	指導者印	
	晴れ	退勤	17時30分		5歳児29名		

本日の保育のねらい	・運動会の練習に積極的に参加する。 ・競技のルールを守る大切さを知る。
本日の実習生のねらい	・幼稚園の1日の流れを理解する。 ・保育者と園児のかかわりをよく観察する。

時間	主な活動	子ども（☆）と保育者（・）の様子	実習生のかかわり
8:10	○職員の朝礼を行う ・欠席者、本日の保育の内容を確認する。 ・実習生の紹介をする。	・本日は運動会の練習があるため、体調のすぐれない子どもについては、保護者に直接確認するなどの配慮事項を確認する。	・朝礼では1日の流れについて確認し、把握することはとても大切であると学んだ。 ・子どもたちが1日を安全に過ごせるように、その日の活動に併せて確認すること、共通理解することの重要性を学んだ。 ・自己紹介をさせていただいたが15日間お世話になること、実習の目標などについて、ていねいに伝えるよう心がけた。
8:30	○登園する ・保育者とあいさつをする。 ・シールを貼る。 ・身支度をする。 ・当番の仕事をする。 ・好きな遊びをする。	☆早く到着するバスから子どもが登園してくる。「おはようございます」と玄関で保育者とあいさつをする。実習生と対面し、「あっ、新しい先生だ」とニコニコしながら声をかけてくれる。 ・マスクをしている子どもには優しく声をかけ、体調について保護者に確認する。 ・シール貼りや身支度を通して、「次の方、どうぞ」「今日は9月7日です」など、言葉かけをして、子どもたちとコミュニケーションをとる。 ☆当番の仕事を終えた子どもたちから園庭に出て好きな遊びを行う。	・子どもたちとの対面を楽しみにしていたので、笑顔で声をかけてもらいとても安心した。 ・子どもの体調については、保育者が保護者と連携を取り合ってきちんと確認している点が印象に残った。 ・子どもたちの身支度の援助に少しずつかかわらせていただいた。 ・当番活動でも「見て、見て」などと声をかけられ、子どもから受け入れてもらえたと感じた。 ・園庭で子どもたちの遊びにかかわる。「砂山崩し」をしている子どもたちが、勝敗のつけ方でもめている様子が見られたので、そのグループに「どうしたの？」と声をかけると「先生、審判して」と頼まれる。審判で遊びに参加してからはトラブルもなく、何回も「砂山崩し」を楽しむ。子どもたちの集中力に感心した。
	・片付け。	・身支度の終わらない子の援助をしながら、園庭での遊びの様子を見守る。	
9:50	○朝の会をする	・朝の会を行うため片付けるよう子どもたちに声をかける。 ・朝の会で「先生になるお勉強に来た〇〇先生です」と実習生の紹介を行う。	・保育者の言葉かけで、自ら進んで片付けに取り組む姿は、年長の子どもたちらしい姿だと感じた。 ・園庭での遊びで子どもとかかわれた後だったこともあり、落ち着いて自己紹介をすることができた。子どもたち全員から拍手をもらって感激した。
10:10	○運動会の練習を行う	☆ホールにみかん組、りんご組、もも組、いちご組の年長の子どもたちが集まる。	・運動会という大イベントに向けて子どもたちが元気いっぱい練習する姿が見られ、とても盛り上がっているように思えた。

時間	活動	環境・援助	実習生の動き・気づき
		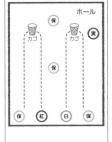☆紅白に分かれて、2人一組でボールをお腹にはさんで運び、カゴに入れたら、1人ずつフープをくぐり、前転してゴールする競技の練習をする。 ・保育者は「かけ声をかけるとボールを落とさず運べるね」など、どうしたらボールをうまく運べるか子どもたちに具体的に伝える。 ・思うように進められず困っている子どもに対しては個別に対応し、ていねいに伝えていた。また、競技の中で「もっと、こうしたらよいのではないか」など保育者同士で相談し、子どもたちへアドバイスをする。	・ただ単に競技の練習を行って、本番当日、上手に行えるようにするだけでなく、保育者同士で研究し、子どもたちに適切なアドバイスを行い、競争することの大切さ、ルールを守ることの大切さなどを伝えていた。 ・保育者がそれぞれの意見を出し合うチームワークが、よりよい保育につながると学んだ。
11:00	○終わりの会をする ・紙芝居「ふしぎな石のおの」。 ・明日の予定を伝える。 ・「おかえりのうた」を歌う。	・紙芝居が子どもたち全員に見えるように、床に座ってもらい、カーテンをしめる。 ・明日も運動会の練習があるので、早く寝るようにと伝える。 ☆実習生の伴奏で「おかえりのうた」を歌う。	・子どもたちが紙芝居の世界に入り込めるようカーテンをしめるなどの配慮を感じた。 ・明日の予定を伝えることは「終わりの会」で重要な事項であることを学んだ。この言葉かけにより子どもたちの心構えもできると思う。 ・ピアノの伴奏は、オリエンテーション時に指示を受けたので、よく練習したが、やはり本番では緊張した。日常の保育では伴奏する曲が常に決まっているわけではないので、日ごろからさまざまな曲を練習しておく必要があると強く感じた。とても貴重な体験となり感謝している。
11:20	○降園する	・保育者は1人ひとりと「さようなら」とあいさつ、握手をしてからバスに乗るまで見守る。 ・子どもたちに「また明日ね」などと、声をかける。 ・バスを見送る。	・バスから元気に手を振る子どもたちを保育者とともに手を振って見送る。 ・子どもたちと向き合い1人ひとりに声をかけることは、1日の締めくくりだけではなく、明日の保育につながるものだと思った。

考察・反省事項など

　実習初日で、緊張の連続でした。何をしたらよいのか戸惑ってばかりで、ご迷惑をおかけしたのではと心配しています。1日が過ぎ、大体の様子がわかりましたので、明日からはもう少しスムーズに活動できるようにしたいと思います。

　「子どもたちと積極的にかかわる」を実習の目標の1つにしていました。「砂山崩し」へ参加し審判役をしたのもその実践と考えています。子どもたちは喜んで迎えてくれ、私が入ってからは公平になったためかトラブルもありませんでした。

　今日の中心活動である「運動会の練習」では、多くのことを学びました。ただ単に上手になるためだけの練習かと思っていましたが「競争することの大切さ、ルールを守ることの大切さ」を教えている姿に感動しました。また、保育者のみなさんが意見を出し合って連携する大切さも目の当たりに学べてよかったと思います。運動会という時期に実習できて感謝しています。

　ピアノ伴奏は無事に終えたものの、もっと練習しなければいけないと反省しています。私の短大ではピアノは1年次は必修ですが、2年次は選択で履修者は多くありません。私は2年次の今も履修していますが、本当によかったと思っています。

　明日も頑張りますので、よろしくお願いします。

指導者所見

(省略)

❖ 演習問題 ❖　「⑩実習日誌」　→　153ページ

指導計画の書き方

　指導計画（指導案）は、教育課程・保育課程を達成するための具体的な指導の計画である。子どもを主体的に考えながら、園独自の教育・保育目標を取り入れ、子どもの発達を見通して、それぞれの時期に必要な経験ができるように柔軟に計画しなければならない。そのため、現場の保育者でも、指導計画をすらすらと簡単に書くことはむずかしいと聞く。

　実習生の場合、長期の指導計画を立てることはない。実習する園の年間指導計画や学期別、月案の指導計画を参考にしながら、短期の指導計画（部分指導計画、日案）を立てなければならない。実習に出るときは、担当する子どもの年齢や季節などを考慮して、事前に指導計画を立てる練習をしておくとよいだろう。ここでは指導計画のあらましについて、国語表現の観点から触れておく。

(1) 指導計画の種類

　指導計画には、次の表のような種類がある。

●図表 4-6　指導計画の種類

長期的な計画	短期的な計画
○年間計画 年度はじめの4月から翌年の3月までの全体を見通した計画	○週案 月案を実践するための1週間の具体的な計画
○月案 年間計画にしたがった1カ月の計画	○日案 1日の流れの中での具体的な計画

※このほかに学期別の指導計画もある。

Memo

(2) 計画する際の留意点

「日案が書けなくて苦労した」と、実習から戻った学生は報告する例が多い。ここではその日案に限定して、次ページの図表をもとに学んでもらいたい。なお、本格的に勉強したい人には、久富陽子編『指導計画の考え方・立て方』（萌文書林）をお勧めする。

- 園、養成校によってスタイルが異なるが、代表的なひな形で基本を覚えておく。
- 園児の発達状態をよく検討して計画する。
- 具体的に書く。何を準備し、どう進め、どう援助するのか。
- 細かくさまざまなことを想定しながら計画を立てる。
- 「〜させる」という使役の動詞は極力控える。たとえば「話し合いをさせる」でなく子ども主体の「話し合う」にする。
- 保育室や園庭の遊具、人の配置図を示した環境構成図なども書き入れるとよい。
- 「（4）書くときの留意点」（80ページ参照）も守ること。

Column 習うより慣れろ

　指導計画の体裁は、実習を行う園によって異なる。練習をするなら、実習担当の先生に基本的な指導計画を何編か教えていただき、書写するのがベスト。写しているうちに指導計画の書き方がわかり、保育の展開をイメージできるようになる。さらに、年齢別の発達の違いや保育者の援助、環境構成の仕方に気づくなどのメリットが期待できる。

　文豪と呼ばれる作家も修業時代は師匠の小説を書写している。まず、何事も「習うより慣れろ」であろう。面倒がらずに、指導計画の書写を実行して力をつけよう。

❖ エピソード ❖

　ある保育園の主任の話。養成校で指導案をパソコンで作るように指導された実習生。提出日も守られていたので、主任が訂正箇所や詳しく書いてほしいところをチェックし戻すと、翌日にはきれいにプリントした指導案が提出された。しかし、いざ本番になると1日の流れが頭に入っていないらしく、活動を飛ばしたり、子どもに伝えるべきことを忘れたりして、残念な結果に終わった。

　手書きは面倒であるが、何度も書き直しているうちに、自然に頭へ入るメリットがあると痛感したという。

90 第4章 文章表現《応用編》

●図表 4-7 直す必要がある指導案の例

部 分 実 習 指 導 案

11月15日(木) 晴れ	実 習 生		高 橋　陽 子
りんご組　　5歳児 30名 (男児16名・女児14名)	時　　　　　間	10：00〜10：10（10分間）	
	中 心 と な る 活 動	紙芝居「ほねほね…ほね」(童心社)	
	ね　ら　い　❶	・骨の存在と大切さを理解する。 ・骨を作る食べ物を学ぶ。	

時間	環境構成	予想される活動	保育者の援助と留意点
10：00 10：10	ロッカー / 実 / テラス / 水道 / タオル / ままごとコーナー 〈準備する物〉 紙芝居、テーブル❸	☆紙芝居 「ほねほね…ほね」を見る。	・事前にしっかり練習する。❹ ・子どもたちが紙芝居に期待が持てるように言葉をかける。 ・子どもたちが疲れないように椅子に座らせる。❷ ・声に強弱をつけて、よく聞こえるように演じる。❺ ・よそ見している子どもは注意する。❻ ・「はい、おしまい」で終わりにする。❼

●部分実習指導案の直したい点

　年長組に12枚の紙芝居を見せる「部分実習指導案」であるが、具体性に欠けるとともに「保育者の援助と留意点」について十分に検討したとは言えないところがある。以下、直したい点を挙げる。

❶「ねらい」は、どのような教育的意味があるのかなどを書く。

❷この配置図では、画面が見えない子どもが出る可能性がある。椅子でなく、床に直接座らせてもよい。形は全員が見えるような扇状が望ましい。テーブルの高さは最前列の子どもより20〜30cm高く、距離は1〜1.3m離すとよい。

❸舞台を用意したい。実習園に舞台がない場合は、段ボールと布ガムテープで作るとよい。舞台を用いないと、次のような欠点が考えられる。

> ・現実と非現実（紙芝居）の区別がつきにくい。
> ・舞台の袖がないので不用な物が目に入り、集中しにくい。
> ・指で絵が隠れることがある。
> ・微妙な抜き方がしにくい。
> ・揺れが生じる。

❹指導案に入れる内容ではない。しっかり下読みし、作品のテーマ・語り口を研究しておきたい。一度、床に順番通りに並べて絵の移り変わりなどの全体像を把握するとよい。演じる前に、順番の確認も忘れずに行う。

❺絵本の読み聞かせよりはドラマ風になってよいが、オーバーな声色などは用いない。

❻集中して見ている子どもを第一に考えて、邪魔にならない程度なら注意しないで様子を見る。「注意する」は「様子を見る」「声かけして対応する」が望ましい。

❼終わったら余韻を楽しむ。子どもの感想などを取り上げて話し合いをする。「おもしろかったね」だけでもよいが、子どもの思いを受け止めるようにする。

2 指導計画の書き方　91

図表 4-8　直す必要のない指導案の例

1 日 実 習 指 導 案

11月15日（木）　晴れ	担 任　　鈴 木　花 子

りんご組　5歳児 30名 （男児16名・女児14名）	**ね** **ら** **い**	・みんなといっしょに粘土遊びの楽しさを味わう。 ・イメージを持って物を作り上げる喜びを味わう。❶ ・遊びの後の片付けの大切さを学ぶ。

時間❷	環境構成❸	予想される活動❹	保育者の援助と留意点❺
8:30		☆登園する ・保育者や友達にあいさつをする。 ・保育室で1日の準備をする。 ・カバンと帽子をロッカーに入れる。 ・連絡帳に出席シールを貼る。	・あいさつをしながら、子どもの健康状態をチェックする。 ・持ち物の片付けがスムーズに進むように声かけする。 ・身支度の終わってない子どもには「支度してから遊びましょう」と声をかける。 ・身支度には個人差があるので、ていねいに援助する。
	ロッカー／絵本／お絵かきコーナー／ピアノ／シール／テラス／ブロック積み木／出入口／水道／タオル／ままごとコーナー	☆好きな遊びをする ・身支度が終わった子から室内で遊ぶ。 　＊積み木　＊ブロック 　＊お絵かき　＊ままごと	・それぞれの遊びのスペースに配慮する。 ・楽しく遊べるよう安全面に気を配る。 ・遊び中のトラブルに速やかに対応し、相手を思いやる気持ちを育てる。
9:30		☆片付けをする ・遊具を片付ける。 ・トイレ、手洗い、うがいをする。	・次の活動時間を伝え、片付けも大切なことを知らせる。 ・保育者もいっしょに片付けて、片付けの大切さを伝える。 ・トイレを済ませたかを確認する。
10:00	・いくつか絵カードクイズを用意する。	☆集まりをする ・朝のあいさつをする。 ・呼名を受ける。 ・今日の活動について聞く。	・あいさつ、返事はハッキリとするように促す。 ・果物の絵カードなど視覚的な教材を用いて、子どもたちが活動内容をよく理解できるように工夫する。…ⓐ ・果物の絵カードクイズをする。 ・果物を当てるクイズから、これから行う活動の内容がよく理解できるように伝える。 ・「遠足でリンゴ狩りに行ったときのことを思い出して、粘土でリンゴや好きな果物を作ってみましょう」と、次の活動に期待が持てるように話す。
10:15	ロッカー／ピアノ／実／シール／テラス／出入口／水道／タオル／ままごとコーナー 〈準備する物〉 粘土　粘土板 へら　伸ばすための棒 型抜き	☆粘土遊びをする ・作りたいもののイメージが持てず、活動の進まない子どもがいる。 ・早くでき上がってしまう子どももいる。	・粘土でどのような果物を作りたいのか、自主性を育てる言葉かけをする。…ⓑ ・工夫している点など長所を見つけ、みんなに紹介して自信につなげるようにする。…ⓒ ・なかなか活動の進まない子どもには、「どんな果物が作りたいのかな？」など、イメージを持ちやすいよう言葉をかける。 ・早くできた子には、簡単な別の物を作るように勧める。…ⓓ ・できあがった物をお互いに見せ合う。 ・楽しかったところ、難しかったところを話し合う。…ⓔ
11:00		☆片付けをする ・粘土などを片付ける。 ・トイレ、手洗い、うがいをする。	・保育者もいっしょに片付けて、片付けの大切さを伝える。 ・早く手洗いを終えた子どもには、「粘土遊び」の汚れがきちんと落ちているか、声をかけ確認する。 ・トイレを済ませたかを確認する。

時間❷	環境構成❸	予想される活動❹	保育者の援助と留意点❺
11:15		☆降園準備 ・保育者の話を聞く。 ・歌を歌う。 　「おかえりのうた」	・今日1日、楽しかったことを振り返る。 ・「あしたも遊ぼうね」と笑顔で声をかけ、スキンシップを図る。
11:25		☆降園する ・保育者や友達に「さよなら」のあいさつをする。	・保護者をよく確認して帰す。 ・連絡事項のある保護者には伝え忘れがないように気をつける。

●書くうえでの留意点
❶「ねらい」は指導計画や週案を踏まえ、子どもたちに学んでもらいたいことを書く。
❷「時間」は1日の流れにしたがい、主な活動ごとに記入する。
❸「環境構成」は準備物や配置を記入する。図示するとわかりやすい。
❹「予想される活動」は子どもを主語とし、主な活動とその展開を書く。
　　主な活動には「☆」「○」などの記号を書き目立つようにする。細かい点には「・」をつける。
❺「保育者の援助と留意点」は保育者を主語とし、援助するポイントや留意点を書く。
❻「時間」「環境構成の要点」「保育者の援助と留意点」は、ずれないように横一線でそろえる。特に、欄の中で右上がりに書く学生が多いが読みにくいので、水平に書くようにする。

●細かい留意点
ⓐ5歳児になっての「粘土遊び」は、好き勝手な物を作るのでなく、決められた物を作るとよい。遠足で「リンゴ狩り」に行った後では、そのときを思い出させるなどの導入が望ましい。視聴覚物を用意するのも1つの方法である。
ⓑ「どのようなリンゴを作りたいのか」と考えさせ、発表させるのも大切である。
ⓒ長所を見つけてほめることは、子どもにとって自信につながる。
ⓓ指導案は「案」であり、さまざまなことを想定しておく必要がある。遅い子どもにはイメージがまとまるような言葉かけ、早く「できた」という子どもには、次は何を作るように言うのかを用意したい。
ⓔ製作過程を振り返りながらの話し合いは、達成感とともに次の活動の意欲にもつながる。

　以上、日案について学んでもらった。この例は室内での活動であったが、室外の場合は天候の急変に対応するために案を2つ用意することもある。あらゆることを想定して日案を作っても、子どもはその通りに活動しないケースもある。修正できる柔軟性も求められる。
　このような日案を、ていねいに書写すると基本形が身につく。実習に行く月の日案を5～10編ていねいに書写して練習した後、実際に立案してみることをお勧めする。

✤演習問題✤　「⑪指導計画」　→　155ページ

Memo

 実習礼状など手紙・ハガキの書き方

　今は携帯電話ですべての用事が済む時代なので、手紙やハガキを利用する必要性は激減している。手紙やハガキには作法があり、書いた後もポストに投函しなければならないし、相手に届くにも時間がかかる。こんな理由で、若い人からは敬遠されている。
　しかし、社会において手紙やハガキは現役選手である。保育者として「書けません」は許されない。ここでは「これだけ覚えておけば大丈夫」というポイントを押さえるので、しっかり覚えてほしい。

(1) 実習礼状

　ここでは実習礼状を例にしながら、手紙全般についての書き方を学ぶ。
　実習から帰ったら、1週間以内に実習礼状を書くのがマナー。半月、1カ月と過ぎてしまうと相手に対して失礼になるだけでなく、毎日「礼状を書かなくては」と不愉快な気分が続くことになる。早めに出して、勉学に集中したいものである。
　書く相手（あて名）は、実際に指導を受けた先生ではなく、園（施設）長などの代表者にするのが普通である。手紙は心を込めて、ていねいに書くようにする。

①用意する物

　手紙・ハガキを書くときには、次のようなものを用意しよう。

> ・和封筒と縦書きの便せん（横書きでもよいが、改まった手紙は縦書きが主流である）
> ・黒の万年筆（200円くらいで安価な万年筆が市販されている）

注意 万年筆が入手できない場合は、黒の水性ボールペンでもよい。履歴書など改まった文書を書く場合は、万年筆を使うので購入するようにしてほしい。

②便せん

　便せんには、次ページの図のように縦書きと横書きのものが存在する。

Memo

●図表 4-9　便せんの例

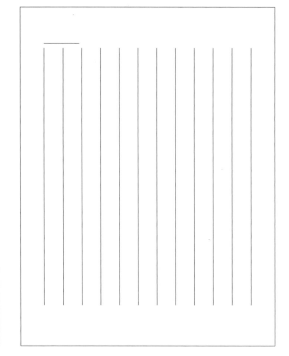

③手紙を構成する文章

　手紙は、次のように大きく5つのパーツから構成されている。堅苦しいと思わずに、各パーツに言葉を埋めていくと意外と簡単に書き上がる。

●図表 4-10　手紙を構成するパーツ

前文	拝啓　暑い日が続いておりますが……	頭語「拝啓」に続いて「時候のあいさつ」「相手の安否」などを書く。
主文	さて、先日の幼稚園実習では……	用件を書く。ただ「ありがとう」と御礼を書くのではなく、どういう点が勉強になったなど具体的にするとよい。
末文	お忙しいところ……今後ともよろしくお願い申し上げます（時候のあいさつでもよい）。 　　　　　　　　　　　　　　　敬具	結びのあいさつを書く。最下部に結語「敬具」を書く。
後付	日付　差出人氏名　あて名	日付は月日のみでよい。差出人氏名はフルネームで書く。
副文	追伸	追加の用件を書くが、目上の相手には用いない。

Memo

また、次のような「時候のあいさつ」は古くさい感じがするかもしれないが、社会では普通に使われているので慣れるしかない。このほか「新春の候」などもあるが、個人の手紙ではあまり用いない。

●図表 4-11　時候のあいさつ

月	前文の時候のあいさつ例	末文の時候のあいさつ例
1月	・例年にない厳しい寒さが続いておりまが ・冬とはいえ、暖かい日が続いておりますが	・寒さが厳しいので、くれぐれもご自愛ください。 ・新春とはいえ寒い日が続きますので、お体にお気をつけください。
2月	・立春を迎え、日ごとに春めいて参りましたが、 ・立春とは名ばかりで寒い日が続いておりますが、	・余寒が続いておりますので、くれぐれもご自愛ください。 ・春寒厳しき折、ご健康にはご留意ください。
3月	・日増しに春らしくなって参りましたが、 ・こちらも、やっと春の兆しを見せ始めました。	・春とは名のみの毎日、くれぐれもご自愛ください。 ・お忙しい年度末を迎え、お体には十分お気をつけください。
4月	・野や山もすっかり春らしくなりました。 ・春光うららかな季節を迎えましたが、	・新年度を迎え、お体には十分お気をつけください。 ・寒暖の差が激しい日が続きますので、ご健康にはご留意ください。
5月	・五月晴れ続く爽やかな季節となりましたが、 ・新緑の美しい季節になりましたが、	・季節の変わり目、ご健康にはご留意ください。 ・暑い季節に向かいますので、お体には十分お気をつけください。
6月	・あじさいの花が美しい季節となりましたが、 ・相変わらず梅雨空が続いておりますが、	・うっとうしい毎日ですが、くれぐれもご自愛ください。 ・気候不順の折、ご健康にはご留意ください。
7月	・梅雨も明け、本格的な夏を迎えましたが、 ・連日、厳しい暑さが続いておりますが、	・暑さ厳しき折、くれぐれもご自愛ください。 ・例年になく暑い日が続いておりますので、お体には十分お気をつけください。
8月	・立秋とはいえ、厳しい暑さが続いておりますが、 ・朝夕はいくらか涼しくなりましたが、	・残暑厳しき折、くれぐれもご自愛ください。 ・体調を崩しやすい季節ですので、ご健康にはご留意ください。
9月	・一雨ごとに秋の深まりを感じるころとなりましたが、 ・朝夕めっきり凌ぎやすくなりましたが、	・残暑の折から、くれぐれもご自愛ください。 ・季節の変わり目ですので、ご健康にはご留意ください。
10月	・さわやかな秋晴れの日が続いておりますが、 ・菊の花の薫る季節となりましたが、	・日ごとに秋冷の加わる季節となりましたが、ご健康にはご留意ください。 ・気候不順の折から、くれぐれもご自愛ください。
11月	・日増しに寒さの募る今日このごろ、 ・早くも晩秋の季節となりましたが、	・向寒の折、くれぐれもご自愛ください。 ・日増しに冬めいて参りますので、健康にはご留意ください。
12月	・寒気が日増しに厳しくなって参りましたが、 ・今年も残り少なくなって参りましたが、	・お忙しい師走を迎え、くれぐれもお体をお大事にしてください。 ・なにとぞ、よいお年をお迎えください。

Memo

●図表 4-12　実習礼状の例（2ページ目）

2

最後になりましたが、終始熱心にご指導くださいました佐藤先生はじめ諸先生方にくれぐれもよろしくお伝えください。

敬具

九月十日

〔日付は上3字くらい空ける〕

凸山　凹子

〔姓名を書く〕

田中幼稚園

園長　鈴木先生

〔学校は封筒に書くので、ここには不要〕

〔姓のみが正しいが、名も書いてよい〕

書き忘れたことがあったら書き直すこと。

「追伸」は失礼になるので絶対に書かない。

①は施設実習、保育所実習と替える。

②は養成校により「短大」や「学校」とする。

③は相手により「保育士」や「保育者」とする。

3 実習礼状など手紙・ハガキの書き方 97

●図表 4-12　実習礼状の例（1ページ目）

_1_

> 数字を忘れずに

拝啓

「夂」となる

例年になく厳しい残暑が続いておりますが、先生方にはお変わりなく

> 季節にあった挨拶にする

お過ごしのことと存じます。

先日の教育実習①では、お忙しいところていねいにご指導を

いただきまして心から御礼申し上げます。お陰様で短い間でしたが

保育現場を体験し、数多くのことを学ぶことができました。

特に、

> ここには印象に残ったことや指導を受けたことを具体的に書き、
> それをどのように受け止め、今後の教訓にするかなどをまとめよう。

> （6行以上書くこと）

大学②に戻りました今、今回の実習で学んだことを生かし、来春には

幼稚園教諭③ として勤務に就けるように残された日々を精いっぱい勉学に

> 日々と小さく書かない

専念したいと思います。

> 1つの言葉を途中で切らない。文末は不揃いでよい

④封筒

封筒の書き方については、次の点について注意する。

- バランスを考える。各行の位置、字の大きさに気をつける。
- 住所やあて名を曲がって書くのは失礼になる。鉛筆で薄く下書きするとよい。万年筆やボールペンで清書したら、鉛筆の下書きは必ず消すこと。
- 実習先の園（所）名を忘れずに書く。
- 裏面に、自分の住所または学校の所在地・氏名を書く（実習担当者の指示にしたがう）。
- 書き終わり封をしたらそのまま投函してもよい。封字を書くときは「〆（しめ）」とし「メ」は間違いになるので注意する。封字がなくても、失礼にならない。ただし、セロハンテープで封をするのはよくない。のりを使うこと。

●図表 4-13　封筒の例

エピソード

施設実習先への礼状に「幼稚園実習ではお世話になりました」と書いては失礼になる。どこで行った実習なのか、礼状の文章は区別して書くようにしたい。また、あて名と中身と取り違えることのないようする。

同じく保育実習先への礼状に「卒業後は幼稚園教諭として」と書いても失礼になる。無難な「保育者として」がよい。

⑤切手

郵便物を出す際は、必ず切手が必要となる。次の点について注意しよう。

・便せん４枚程度なら84円切手でよいが、それより多いときは郵便局で量ってもらうこと。不足分の料金は、相手（この礼状の場合は実習先）が払うことになるので注意したい。
・切手を曲がったり逆さに貼ると、相手に対して失礼になる。

Column　手紙を送る際のマナー

手紙は送る際にもマナーがある。手紙をせっかく書いても、ちょっとしたマナー違反で「何も知らない人」扱いを受けてしまう恐れがあるので注意したい。

❖封筒の封をしたら

必ずのりで封をし（セロハンテープやホチキスは不可）、封じ目には「緘（かん）」や「封（しめ）」「〆」と書く。この「〆」を「メ」と書く人が圧倒的に多いが、明らかな間違いである。もらった人から「ダメ」と笑われかねない。

書かなくても失礼にならないが、書いたために笑われたのでは報われない。

❖白い便せんを加える間違ったマナー

用件が１枚で終わると、もう１枚何も書いていない便せんを添えて送る人がいる。手紙をもらった人は1枚目を読みながら、手触りで「もう１枚あるな」と思って見たら、真っ白。いつからか変なマナーがはやってしまった。日本古来の手紙、欧米の手紙のどちらにもないマナーである。

実習礼状などでは、１枚で終わらないで２枚になるようにしたい。その際は、２枚目が相手の名前だけでは失礼なので、少なくとも本文が１〜２行あるようにする。

❖演習問題❖　「⑫実習礼状」「⑬封筒」　➡　157〜158ページ、159ページ

❖ エピソード ❖

実習礼状に切手を貼らずに出したり、63円切手を貼って出した例があるという。手紙は差出人に戻らず、実習先に届けられてしまう。郵便料金の不足分は実習先が支払うことになり、こんな失礼なことはない。ある養成校では、実習訪問担当の先生が、不足分の切手代とお詫びのお菓子を持って謝罪に行ったとか。笑いごとでは済まされない例として受け止めてもらいたい。

（2）採用試験の問い合わせハガキ

　学校の就職課を訪問して、就職先を紹介してもらうのが主流である。もう1つ、希望地域の幼稚園などに次のようなハガキを出しておく方法もある。出しておいた園で、急に欠員が生じて声がかかった例も少なくない。1園につき63円、10園にハガキを出しても630円なので積極的に活用したい。所在地や園長名は実習担当者か電話帳、インターネット上のウェブサイトで調べるとよい。

・園長の名前がわからない場合は「あさひ保育園　御中」でもよいが、なるべく園長名を調べて書くとよい。
・「私は」は下に書く（退職の挨拶状も同じ）。
・携帯の電話番号を書いておくとよい。

●図表 4-14　採用試験の問い合わせハガキの例

前略
突然、ハガキで失礼いたします。
来年三月、太平洋学院短期大学保育科を卒業して、保育士資格と幼稚園教諭二種免許状を取得予定の学生です。
現在、就職活動をしております。もし、貴園で採用試験が行われます場合は、ぜひ受験させていただきたいと考えております。その際は、お電話いただけましたら幸いです。
何とぞ、よろしくお願い申し上げます。
　　　　　　　　私は、
　　　　　　　　　　　草々
十一月十三日

郵便はがき
□□□-□□□□

○○市△△町一丁目三の九
あさひ保育園
園長　鈴木花子先生

○○市××町二丁目五の六の七
携帯電話
山田　桃子
090-×234-5678

□□□-□□□□

♣演習問題♣　「⑭ハガキ」　➡　160ページ

Memo

（3）内定先へのお礼状と年賀状

　内定通知が届いたら、なるべく早く（1週間以内）お礼状を出すようにしたい。さらに、年内に内定した場合は、年賀状も出すとよい。ともに社会的な礼儀であり、コミュニケーションのツールとしても効果的である。

●内定先へのお礼状の留意点

- ・「前略～草々」でもよいが、その場合は「寒気が日増しに……」などの時候のあいさつは書かない。
- ・女性用の結語に「かしこ」があるが、友人あてなどプライベートな場合に限る習わしなので「敬具または草々」とする。
- ・遠方でない場合は「何か行事でお手伝いできること……」とボランティアを申し出て、園に慣れるようにするとよい。

●内定先への年賀状の留意点

- ・賀詞「謹んで……」は漢字仮名交じりにする。
- ・賀詞には「。」をつけない。またひと回り大きな字で書く。
- ・末尾に相手の「健康」や「活躍」などを祈る言葉を添える。
- ・日付は「平成○○年　元旦」か、単に「元旦」とする。「一月元旦」と書くのは誤り。
- ・お年玉つきの年賀状を用いて、元旦に着くように投函する。

Column　年賀状のメリットは大きい

　今年1年、お世話になった人に年賀状を出すことをお勧めしたい。年賀状には「63円でできる感謝の気持ちの表現」というメリットがある。「いつもご指導ありがとうございます」と口では言えなくても、年賀状なら書ける。
　ぜひ、保育者となってからも実行してほしい。

■ ミ ニ 知 識 ■

　賀詞には「寿」「福」「賀正」「迎春」「謹賀新年」「恭賀新春」など、漢字だけのものも数多い。これらは、目下の相手に使うという古いマナーがあるので、「謹んで初春のお喜びを申し上げます」など、漢字仮名交じりのものを使うのが無難である。
　なお「新年明けましておめでとうございます」を目にするが、これは重複表現になっている。

102　第4章　文章表現《応用編》

●図表 4-15　内定先へのお礼状・年賀状の例

内定先へのお礼状

拝啓

寒気が日増しに厳しくなって参りましたが、先生方にはお変わりなくお過ごしのことと存じます。

先日は、内定通知をお送りくださいましてありがとうございました。家族も大変喜んでおります。

残された学生生活、しっかり保育学を学び、四月には着任したいと思います。

それまでの間に、何か行事でお手伝いできることがありましたらお知らせくださるようお願い申し上げます。

まずは、とりあえず御礼まで。

敬具

十二月三日

内定先への年賀状

謹んで初春のお喜びを申し上げます

昨年十二月に内定通知をいただきましてから一カ月、期待と身の引き締まる思いが混じった日々を過ごしております。

学生生活も百日あまり、四月にははつらつと勤務に就けるように精進いたしますので、ご指導のほどよろしくお願い申し上げます。

先生方のご健康を心よりお祈りいたします。

平成〇〇年　元旦

Column　年賀状の歴史

　平安時代から、前年お世話になった人に「年始の挨拶まわり」をする習慣があった。その後、明治6年に郵便はがきが発行され、いちいち訪問する手間を省くために年賀状を送る習慣が広まり、今日に至っている。明治32年に年賀状は特別扱いとなり、前年に出したものが元日に届けられるようになった。昭和24年から「お年玉つき年賀はがき」が発売されると、爆発的な勢いで日本全国に広まった。

　最近はパソコンで作る年賀状が主流になっているが、片隅に手書きで心温まるひと言を添えると喜ばれる。また、写真年賀状も増えている。新婚の2人やかわいい我が子の写真が目立つ。受け取った人が幸せとは限らないし、不妊症に悩む夫婦も多い。「幸せの押し売り」には注意しよう。

♣演習問題♣　「⑮年賀状」　➡　161ページ

Memo

(4) 往復ハガキ

　学生時代はあまり利用しないが、社会人となると往復ハガキや結婚式の招待ハガキを書く機会が増える。以下の点に留意しながら書く。

> ・期限内に投函する。
> ・表の「行」は消し「様」と書く。団体の場合は「御中」とする。
> ・裏の出欠のどちらかを囲んだら、「ご」は消す。囲まないほうの「ご」は消す必要はない。
> ・空欄にひと言添えたい。たとえば結婚式なら「おめでとうございます」など。
> ・「ご住所」の「ご」、「ご芳名」は「ご」と「芳」も消す。

●図表 4-16　往復ハガキの例

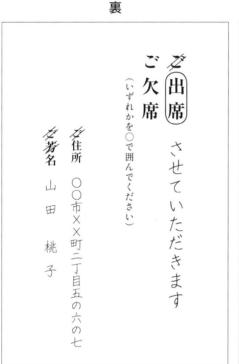

演習問題　「⑯往復ハガキ」　→　162ページ

ミニ知識

　返信ハガキのあて名の下にある「行」は、このハガキを作った人がへりくだっているのである。そのまま投函するのは、極めて失礼なので「様」か「御中」とすること。
　「ご芳名」の「ご」は消すが「芳」を消す人は少ない。これは、ハガキを作った人が相手を敬って「芳」を入れているのである。「芳」は「かんばしい」と読み「（客観的に）よい、いい香り」という意味がある。忘れずに「芳」まで消すようにしなければならない。

メールの書き方

　パソコンのメールソフトを使う「Ｅメール」、スマートフォンや携帯電話の「携帯メール」（Ｅメール、携帯メールを総称して「メール」とする）は便利な通信手段として私たちの生活に欠かせない存在となっている。就職活動や保育者になってから保護者とメールで連絡する機会はますます増える。
　友達とやりとりするメールとは違って守らなければならないマナーがあるので、基本的なスタイルと留意点を挙げておく。

(1) 共通する利点

　メールの利点は、次の通りである。ここでは共通する利点を挙げる。

- ・メールを書いて送信すると、即座に相手に届く。手紙と違い、切手などは不要。
- ・すぐに返事が書ける。
- ・同時に多人数に送信できる。担当クラスの保護者あての連絡などに便利。
- ・低料金である。

(2) 基本的なスタイル

　メールの基本的なスタイルについては、次の通りである。

- ・手紙と違い、拝啓・敬具などの頭語と結語、季節のあいさつは不要。
- ・いきなり本題に入るのではなく、保護者なら「いつもお世話様になっております」、初めての相手であれば「突然、メールで失礼します」「はじめまして」などのあいさつ文から書く。
- ・本文は長文にしないで改行を多くし、内容の変化に応じて空白行を入れると読みやすくなる。
- ・発信人（自分の名前など）を明確にすること。

Memo

（3）共通する注意点

メールの注意点は、次の通りである。ここでも共通する注意点を挙げておく。

> ・ハガキと同じで、重要な用件を書けない。
> ・メールアドレスの間違いがないように、よく確認する。
> ・入力ミスや変換ミスのないようにする。特に、数字には注意したい。
> ・友達同士で使うシグネチャー（署名）、絵文字「(^0^)」やハンドルネームをつけて送信しない。
> ・若者言葉も使わない。

（4）Eメール

Eメールを送る際の注意点は、次の通りである。

> ・本文は簡潔にわかりやすく書く。
> ・相手から来た文章の引用は、必要最低限にとどめる。
> ・転送する場合は、元の文章を変更しない。
> ・園のアドレスを使って、個人的なメールのやりとりはしない。

（5）携帯メール

スマートフォンや携帯電話からメールを送る際の注意点は、次の通りである。

> ・改まった相手、初めての相手には「メールで失礼します」と添える。
> ・相手にだれから送られてきたメールなのかをわかるようにする。
> ・伝える情報は、簡潔でわかりやすく書く。
> ・絵文字などは使わない。特に、パソコンへ送信すると文字化けする。
> ・園からの公的なメールは、なるべくEメールを使うようにする。

✢✢

■■ミニ知識■■

スマートフォンや携帯電話の文字入力には、予測変換機能が搭載されている。これはスマートフォンや携帯電話がダイヤルボタンを用いて文字を入力する必要があるため、ユーザーの利便性を高めるために搭載されているものだ。

たとえば、「あ」と入力してみると、予測候補として「ありがとう」「明日」「ありがと」「あさって」「あっという間」などが表示される。この中から「ありがとう」を選択すると、「ございます」「。」「ございました」「、」「？」などが表示され、候補をつなぎ合わせていくだけで文章が作成できる。とても便利な機能だと言えよう。

しかし、予測候補には学習機能があり、自分がよく使う単語が優先表示される。これで語彙の豊かな文章が書けるようになるかというと疑問が残る。

(6) 携帯電話のメール設定を確認する

　年々、固定電話の加入率が低下している。メールの受け手となる保護者の端末の多くは、パソコンではなくスマートフォンや携帯電話になると予想される。ここで気をつけなければならないのが、保護者のスマートフォンや携帯電話の「メール設定」である。

　迷惑メールが横行しているため、保護者が特定のドメイン（携帯電話事業者のメールアドレスまたは登録されたEメールアドレス）以外のメールを受け取り拒否に設定しているケースがある。緊急連絡などをパソコンのEメールアドレスから行う場合、あらかじめ園のアドレスからのメールを受け取れるように設定してもらう必要がある。この設定の確認を怠ると、一部の保護者は、園からの緊急連絡メールなどを受け取れないという状況が生じる。

　緊急連絡のメールを受け取った、受け取らないという問題は重大化する。入園時や年度初めのガイダンスの際、保護者に確認しておきたい。また、保護者から集めた携帯メールのアドレスは個人情報となる。園からの連絡以外の用途に使わないことを保護者に説明し、管理には十分注意したい。

事例

保護者に送るメールの例

　以下、シチュエーションに応じた保護者への連絡メールの例を挙げておく。

❖**役員会開催を確認するメール**

役員のみなさまへ：おはようございます。田上幼稚園です。本日13時より保護者会の役員会を行います。
　　　　　　　役員のみなさまご出席お願いします。　園長

❖**遠足先で集合を知らせるメール**

集合のお知らせ：田上幼稚園です。集合15分前です。トイレを済ませて、バスにご乗車ください。
　　　　　　　園長

❖**緊急連絡のメール**

緊急連絡：田上幼稚園です。北警察署より、昨晩、北小学校学区内のご家庭に児童の個人情報を尋ねる
　　　　　不審な電話が相次いだとの連絡が入りました。くれぐれもご注意ください。　園長

♣演習問題♣　「⑰メール」　➡　163ページ

Memo

履歴書の書き方

　保育者になるみなさんは、就職試験を受ける前に履歴書を希望する園に提出しなければならない。履歴書は、相手方に行くみなさんの分身とも言える大切なものである。

　履歴書は手書きが原則である。手書きなので、経歴や資格だけでなく、仕上がり状態で「几帳面」とか「だらしない」なども読み取られる可能性があるから注意しなければならない。

　何通りかの書き方があるが、ここでは一般的で無難な書き方を示しておく。

(1) 書く前に

履歴書自体はもちろん、そのほかに次のようなものも準備しておきたい。

- なるべく万年筆で書く。200円くらいの安価な万年筆が便利である。
- 大学指定の履歴書を用意する。市販の履歴書を使う場合は、A4判を用いる。
- 暑い時期に書くときは、汗でインクがにじまないように手の下に紙を敷く。

(2) 実際に書く

履歴書を書く際には、次のような点に注意したい。

- 楷書(かいしょ)で、ていねいに書く。
- 間違ったところを修正液で直さない。間違ったら書き直すので、履歴書は多めに用意したい。
- 書く前に印鑑を押す。かすれたり曲がったりしないように履歴書に押す。スタンプ式の印鑑は用いない。
- 学歴、職歴は項目を立てて書く。学歴は、中学校卒業からでよい。
- 高等学校は学科も書く。たとえば「普通科」など。

Memo

- ・同じ校名を2回書く場合も「〃」は用いない。
- ・職歴にアルバイトは書かない。
- ・最後に「以上」を書く。

(3) 自己紹介書（身上書）

履歴書の自己紹介欄は、次のような点に注意して書く。

- ・資格は保育士、幼稚園教諭を忘れずに書く。その他の資格はどれを書くのか、担当の先生の指導を受ける。
- ・特技がない場合は「なし」でよかったが、最近は意欲を示すために長所を見つけ書く傾向にある。何もない場合は「早寝早起き」なども例として挙げられている。
- ・得意科目は、専門科目を2つくらい書く。
- ・趣味なども2つくらい書くとよい。
- ・志望の動機は、相手の園の特色や方針を踏まえて、具体的に欄いっぱいに書く。

(4) その他の留意点

上記の注意点以外にも、以下のような点に留意しておきたい。

- ・履歴書は急に提出を求められることがある。記入日、志望の動機以外を書いておくとよい。
- ・郵送の場合は、送り状を添える（次ページ参照）。持参する場合は省略しても構わない。
- ・履歴書はA4判の封筒に入れ、折らないで送る。
- ・郵便料金不足に注意する。

Memo

5 履歴書の書き方　109

（5）就職試験の書類に添える送り状

　志願先に履歴書や証明書類だけを送るわけにはいかない。次のような「送り状」を添えるのが習わしである。以下の図を参考にして、ビジネス文書形式を取るようにしよう。

●図表 4-17　送り状の例

❶平成×年×月×日

○○保育園
園長　高橋正子先生❷

❸太平洋学院短期大学
保育科2年
鈴木花子（印鑑）

❹貴園採用試験の書類のご送付について

❺拝啓　時下、貴園ますますご隆盛のことと存じます。
❻さて、貴園の保育士採用試験に関する応募書類を下記の通りお送りいたしますので、何とぞよろしくお願い申し上げます。

敬具

❼記

1 履歴書	1通
2 成績証明書	1通
3 保育士資格取得見込み証明書	1通
4 健康診断書	1通

❽以上

●送り状作成上の留意点
❶日付は一番右上に書く。
❷あて名は「様」でもよいが、「先生」と呼ばれている相手は先生がよい。
❸所属の大学名は省略せずに書く。印鑑は名前の「子」の字に少しかかるようにする。
❹件名は内容がわかりやすいように書く。
❺時候のあいさつ（95ページ参照）を簡単に書く。
❻主文を書く。
❼「記～以上」の中に、重要な事項から書く。
❽「以上」を忘れないようにする。
※白いA4の用紙に手書き、もしくはパソコンで作成しプリントアウトしてもよい。
※用件が短いので、用紙の上半分以内で終わっても構わない。

●書類を送る際の留意点
1）折らずにA4判の封筒で送る。
2）A4判のクリアファイルに書類一式を入れ、封筒に入れてのりで封をする。
3）定形外なので郵便局で量ってもらい、料金不足にならないようにする。

❖演習問題❖　「⑱自己分析」「⑲自己アピール」「⑳履歴書」「㉑履歴書送り状」　➡　164〜168ページ

110　第4章　文章表現《応用編》

●図表 4-18　履歴書の例

履 歴 書

平成 30 年 12 月 10 日

ふりがな	すずき　　　　　はなこ
氏名	鈴 木　　花 子　　㊞

印鑑はかすれたり、曲がらないように押す

鮮明な写真を貼る

写真を貼る位置
縦4cm×横3cmの写真を使用してください。

平成 11 年 5 月 10 日生（満 20 歳）　　性別　男 ⓦ

ふりがな	とうきょうと　ちゅうおうく　いわまちょう
現住所	〒123-4567　東京都中央区岩間町7-8-9　コーポカーサ101

固定電話 03(3456)789X　携帯電話 080(1234)567X　メールアドレス ○○78w5z3ex@ezweb.ne.jp

年	月	学歴・職歴（各別にまとめて書く）
		学歴
平成26	3	長野市立長野中央中学校卒業
平成26	4	長野県立富士山高等学校普通科入学
平成29	3	長野県立富士山高等学校普通科卒業
平成29	4	太平洋学院短期大学保育科入学
平成31	3	太平洋学院短期大学保育科卒業見込み
		職歴
		なし
		以上

学歴の項目を忘れずに

空けないで職歴を書く

以上を忘れずに

太平洋学院短期大学

これ以外の資格は担当者に相談する

年	月	免許・資格・修了証
平成31	3	幼稚園教諭二種免許状取得見込み
平成31	3	保育士資格取得見込み

この欄がある場合は、実習順に書く

実習経歴

実習期間	実習先（市区町村名）
平成 30 年 3 月 1 日 ～ 3 月 11 日	ひめさゆり保育園（中央区）
平成 30 年 5 月 1 日 ～ 5 月 11 日	児童養護施設　キッズ園（さいたま市）
平成 30 年 7 月 1 日 ～ 7 月 11 日	ひめさゆり保育園（中央区）
平成 30 年 9 月 1 日 ～ 9 月 23 日	東京チャイルド幼稚園（中央区）

特技	健康状態
剣道（初段）　*専門科目を2つは書く*	良好

得意科目	趣味
子どもの食と栄養　乳幼児心理学	料理（和食中心）　旅行

学友会・クラブ活動等歴	スポーツ
学友会会計（2年次）　バドミントンクラブ	バドミントン　バレーボール

相手に合わせた志望動機で、欄一杯に書く

志望動機

　待機児童の増加が社会問題になっています。貴園に保育士として勤務し、女性の職場進出の一助になりたいと思っています。また、貴園で保育実習をさせていただき「きめ細やかな保育」にとても感銘しましたので、そういう環境で社会貢献したいと思い志願いたしました。

自己PR

ここも長所を欄一杯に書く

　辛抱強く、健康な点が長所です。これは高校から続けているバドミントンクラブにあると思っています。ハードなスポーツなので辞めようと考えたこともありましたが、短大までの五年間辛抱強く続けました。また、高校三年間は皆勤賞で、短大に入ってからも授業を欠席したことがなく、健康面でも自信があります。

通勤時間	扶養家族（配偶者を除く）	配偶者	配偶者の扶養義務
約 1 時間 0 分	0 人	有 ・ ⑯無	有 ・ ⑯無

連絡先　（現住所以外に連絡を必要とする場合のみ記入）

〒999-9876　長野県長野市長野町1-2-3　　鈴木一郎方　　　　　　電話　099(456)000X

小論文の書き方

就職試験に小論文を課す園が増えつつある。試験のときは原稿用紙に手書きとなる。ここでは原稿用紙の使い方の復習と、今まで習ったのとは違う小論文の書き方の2つについて学んでもらう。

(1) 原稿用紙の書き方

日本語の文章は縦書きと横書きがあるが、縦書きも横書きも原則は同じと考えてよい。最近は、文書作成のためにワープロソフトが普及した影響もあり、横書きのスタイルが多く用いられる傾向にある。

原稿用紙の書き方は一種の習わしで、絶対にこれでなくてはならないというルールはない。しかし、基本的な書き方はあるので、縦書きと横書きに共通するポイントを以下に挙げておく。

①基本的な書き方

縦書き、横書きの原稿用紙に共通する基本的な書き方は、次の通りである。

- ・題名は、1行目（2行目という考え方もある）の上3字程度を空けて書く。
- ・クラス名や氏名は次の行の下1、2字分空けて書く。氏名は姓と名の間を1字空ける。
- ・本文は次の行（1行空けるという考え方もある）から書きはじめる。
- ・1マスには1文字を書く。
- ・句読点は1マスに書く。句読点が最下部の欄外になるときは、次の行の頭には書かない。最下部のマスの中か欄外に書く。各種の記号も同じ。
- ・横書きの句読点は「，」「．」とすることがある。
- ・算用数字、アルファベットの横書きは原稿用紙の半マスを用いて書く。1マスに2文字が入る。
- ・疑問符「？」や感嘆符「！」はなるべく使わない。使った場合は、次の1マスを空欄にする。

Memo

②書くときの留意点

以下の点に留意すると、より美しく仕上げることができる。

- 漢字に比べて、仮名をひと回り小さく書くとバランスがよい。
- 漢字、仮名とも文字は少し右上がりに書くと見やすい。
- 改行は、400字原稿用紙で2〜3回程度がよい。0〜1回と少ない場合は読みにくい。
- 文字は同じ濃さで書き、途中から濃さを変更しない。
- 800字と指定されたら、最後の行まで書くようにする。

Column　薄い文字・小さい文字は読みにくい

　学生のみなさんの提出物を見るとき、「薄い文字」「小さい文字」に閉口することが多い。返却時に「もっと、濃く書いて」「もっと、大きく書いて」と注意するが、何人かは守らない。

　就職小論文を採点する園の理事長や園長の大半は「老眼世代」である。50歳前後から老眼になり、薄く書かれた文字、小さな文字は読みにくくなる。若い学生のみなさんの想像以上に、つらいのである。薄く、小さな文字は、決してよい印象は与えないことを肝に銘じてほしい。

Memo

●図表 4-19　縦書きの原稿用紙の使用例

タイトルの前は2、3字分空ける

氏名の下は1～2字分空ける

氏名と本文は1行空けてもよい

欄の中か欄外に「、」を書く

書き出しを除いて2～3の新段落がほしい

欄の中か欄外に「。」を書く

番号を書く

　　　私の目指す保育者とは

　　　　　　　　　　○組23　山田　花子

　私が保育者の道に進もうとしたきっかけは、幼稚園時代の先生の笑顔である。明るい笑顔の先生のようになりたいと、ずっと思い続けていた。

　入園式当日、幼い私はうれしさと不安で泣きそうになっていた。緊張して向かった保育室には、真新しい制服を着た初めて会う友達。そして先生がいた。先生は一人ひとりに名札をつけながら、声をかけていた。

　私の番が来た。泣きそうな私の顔を見た先生は、とても優しい笑顔で話しかけてくれた。私の不安は一挙に吹き飛んでしまった。入式での先生の笑顔がなかったら、私はクラスになじめず登園拒否を起こしていたかもしれない。

　その先生との出会いから、私の夢は始まった。それぞれが理想とする保育者はたくさんあるだろう。「笑顔」で援助できる保育者を

●図表 4-20　横書きの原稿用紙の使用例

NO. 1

　　　全日実習の反省

　　　　　　C組22　　山形　　宏子

　全日実習の1日目は「野菜スタンプ」を行いました。準備したのはナス、オクラ、キュウリなど夏野菜6種類です。近くの園児から順に、切ってある野菜を元のようにくっつけて「この野菜のお腹は、どうなっているかな」と問いかけていきました。

　私は「1、2の3」のかけ声で断面にインクをつけた野菜を画用紙に押すと「うわー」と歓声が上がりました。

　何とか全員が始められるような準備ができました。一番人気があった野菜はオクラでした。園児たちは「お星さまだ」と予想通りの反応がありました。次は玉ネギで樹木の年輪のような輪を楽しんで押していました。

　画用紙がいっぱいになったときです。園児たちの手にはインクがついてしまっていました。「先生、おしぼりないの」と聞かれ、用意するのをすっかり忘れていたことに気がつ

［欄外でよい］

［算用数字でよい］

(2) 作文と小論文の違い

　次に小論文、特に就職小論文について学んでもらう。幼稚園や保育所などの採用試験で小論文が課せられるケースが増えているのは、書き方やその内容で人柄や考え方がよくわかるのが一因であろう。「小論文は苦手だ」という人も多いが、ここではその克服法も含めて考えよう。

　幼稚園などから送られてくる求人票を見ると、選考方法の中に「作文」「小論文」の2通りが書かれている。厳密に言うと、作文と小論文は同じではない。

　作文とは、ある事柄や体験について感想や思いを書く。小論文は、ある問題を提起・考察し、筋道を立てながら意見・主張が求められる。

　保育者となるに当たって、どのような考えや意欲を持っているかを採用側は知りたがっている。就職試験で必要なのは作文ではなく、小論文であることは明らかである。意見・主張さらに自己PRを含み、具体的で説得力のある小論文に仕上げたい。

(3) 就職小論文を書く形

　就職小論文の書き方には、次のような形がある。

- **事前に書いて提出する形**：事前にタイトルや条件を知らされ、書いて提出する形で、半分以上の園がこの形である。1人で書いて提出するのではなく、推敲、清書を終えたら先生方にチェックしてもらい、そのアドバイスにしたがってもう一度清書するとよい。
- **当日、会場で書く形**：会場でタイトルなどを与えられ、決まった時間内に書き上げる。800字、60分が標準的である。

Column　就職は戦いである

　どの養成校でも、就職率をアップしようとしている。先生方も「1人でも多く、希望の園へ」と願い、さまざまな対策を立てている。

　事前に就職小論文を書いて提出する場合、少なくとも2～3人の先生方のチェックを受けるようにしたい。論旨や誤字などあらゆる点にアドバイスしてもらってから、清書しよう。1人で書いてそのまま提出するのは、極めて無謀かつ不利である。就職戦線を勝ち抜く秘策の1つと心得てもらいたい。

Memo

(4) 過去に出題されたタイトル

　就職試験に出題される小論文のタイトルは、もちろん毎年違う。しかし、まったく予想がつかないわけではない。多くの場合、「保育者としての専門性を問うタイトル」と「一般的なタイトル」に分類できる。ここでは過去に出題されたタイトルを例として挙げておく。

●図表 4-21　小論文の過去問例

保育者としての専門性を問うタイトル	一般的なタイトル
私の理想とする（目指す）保育者とは	社会人になるに当たって
保育士としての役割	自己アピールについて
保育者に必要な感性とは	私が一番輝いているとき
少子化を考える	学生時代の生活
少子化対策で保育園が担っている役割	一番、感動したこと
保育士の仕事を選んだ理由	生きるうえで最も大切だと思う自分の信念
私立幼稚園における問題について	心に残った出会い
この保育園を選んだ理由	私の人生設計
どんな子どもに育てたいか	私が尊敬する人
本園の基本理念について思うこと	余暇の過ごし方
幼保一元化について	女性と職業
子どものケガについてどう思うか	心に痛みを感じたこと
高齢社会と少子化	十年後の私
児童虐待を考える	私の人生観
私の子ども時代を振り返って〜これからの子どもたちへ	最近、関心を持っていること

対策　どのタイトルも、ありふれた一般論にならないように注意したい。それを解消するためには事例やデータが必要で、入ると具体的な仕上がりになる。新聞をよく読むなどして、最新の事例やデータを知識として持つように心がけてほしい。

✻✻✻

Memo

（5）構成を考えて書く

　小論文の構成法には「起承転結」が代表的である。ここでは、よりわかりやすい方法として市毛勝雄氏の『間違いだらけの文章教室』（明治図書）にある構成法を紹介する。

●構成の原理

1つの小論文を、最初は以下のように4つに分ける。

はじめ	$\dfrac{1}{10}$	（全体における長さ）
なか	$\dfrac{7}{10}$	（全体における長さ）
まとめ	$\dfrac{1}{10}$	（全体における長さ）
むすび	$\dfrac{1}{10}$	（全体における長さ）

　この分量を標準的な400字詰め原稿用紙2枚の800字に割り振ると、次ページのような行数になる。なお、「なか」は長いので、2つに分けて「なか (a)」「なか (b)」とする。なお、表題・名前は欄外として扱う。

Column 「起承転結」とは

　みなさんは、高等学校の国語の授業で「起承転結」という文章構成法を学んだと思う。
　「起承転結（起承転合とも言う）」は、古代中国から伝わった漢詩の絶句（詩の形式）の構成法である。『新明解国語辞典（第五版）』には、「第一句（＝起句）で言い始めた事柄を第二句（＝承句）で展開し、第三句（＝転句）で転換した末に第四句（＝結句）でまとめる構成法」とある。
　すでに「起承転結」を身につけている人は、市毛式の構成法を参考程度にとどめてもよい。逆に、身についていない人は、市毛式をしっかり学んでほしい。

Memo

●図表 4-22　市毛式の構成法の例

区　分	行　数	主な内容	注意点
①はじめ	4行	導入・問題提起	何について論じるのかを書く。結論は書かない。
②なか (a)	14行	証拠や具体例の提示	最新の実例やデータを示す。
②なか (b)	14行	別な証拠や具体例の提示	
③まとめ	4行	結論	しっかりまとめる。
④むすび	4行	意見・主張	印象に残るよう力強く意見・主張を述べる。

(6) 市毛式の注意点

市毛式の構成法の注意点は、以下の通りである。

- ・「①はじめ」の4行には、全精力を傾けたい。このスタート部は、人の出会いにたとえれば「第一印象」になる。何について論じるのかをわかりやすく書くとよい。「おっ、おもしろそうだ」と思わせれば、半分は成功したのと同然である。ここには結論は書かない。
- ・「②なか」は、(a) と (b) に分ける。それぞれに別の証拠や具体例を提示する。最新の実例やデータを知識として持っているかどうかによって、説得力が大きく変わってしまう。
- ・「③まとめ」は、それまで論じてきたことの結論を書く。器械体操の鉄棒で言えば、しっかり着地を決めるのと同じと思ってもらいたい。
- ・「④むすび」は、インパクトのある意見・主張を述べなければならない。ここが弱いと、印象に残らない小論文になってしまう。またここは、長所や意欲をアピールする部分と心得てもらいたい。

Memo

事 例

「保育者に必要な感性とは」

文　章	区　分	行　数
近年、少子化、核家族化が原因とされる社会問題が急増している。なかでも私が一番関心を持っているのは、子どもに対する親の虐待である。	①はじめ	4行
私の住む県の児童相談所に寄せられた2009年度（09年4月〜10年3月）の虐待相談件数が今年1月で、すでに前年度を突破、過去最多を超える勢いで増加していることを知った。 　最も多いのが殴るけるなどの「身体的虐待」の254件で、言葉で脅かすなどの「心理的虐待」も162件と前年度の約1.8倍に急増しているという。 　県こども家庭課の発表は、09年度の児童虐待相談件数は1月末時点で598件。早くも08年度の536件を超え、過去最多を記録した04年度の662件をも超す勢いとなっていると発表している。	②なか (a)	14行
最近になって「児童虐待の防止等に関する法律」が作られ、減らすためのさまざまな対策が講じられてきた。一例を挙げれば、育児の悩みを聞いてくれる無料の電話相談の設置である。なかには24時間、365日対応する「24時間健康相談サービス」（無料）を開設している例もある。しかし、前述したように虐待件数は一向に減らないで、逆に増える傾向にこそ注目しなければならないと思う。 　どのような対策をとっても、社会が子どもを守ろうとしても、すべての家庭の詳しい様子までは把握できないというのが実情であろう。全国民による意識改革が急がれるべきである。	②なか (b)	14行
以上のように、増え続ける児童虐待の現実へ私は4月から保育者として船出しなければならない。「私に何ができるのか」について真剣に考えている。	③まとめ	4行
私が保育者になったら、虐待の危機にさらされている、または虐待されている子どものSOSをいち早くキャッチし、救えるような鋭い観察力を持った保育者を目指したい。	④むすび	4行

(7) 小論文上達の秘訣

　市毛式の構成法は、新聞の社説（新聞の2または3面に掲載）にも当てはまる。そこで、全国紙である「朝日新聞」「毎日新聞」「読売新聞」に掲載されている社説の書写を、小論文上達の秘訣としてお勧めする。各紙の社説は優れたベテラン記者が、最新の出来事についてわかりやすく執筆している。

　文章の書写という単純作業は、スポーツのトレーニングに似ている。たとえばサッカー、眺めていただけでは上達は難しい。実際にボールを蹴るなどの実践練習をしてこそ上手くなるのと同じ理屈である。以下、書写の手順を挙げておく。

①社説の書写をする理由

　たとえば、朝日新聞の1面下にある「天声人語」というコラムなどは、タイトルがない、文章が凝縮されすぎているなどの理由で勧められない。社説にはタイトルがあり、段落もわかりやすく構成されている。

②社説の選び方

　社説はたいてい1日2編が掲載される。その中から、保育（または子ども）に関係ある社説を選ぶ。専門外の「金融問題」では、効果が薄い。また、普通の記事や投書は構成が違うので小論文作成の上達につながらない。

③原稿用紙に書写する

　段落の作り方、論の進め方、言葉の選び方、文章の長さなどに注意しながら写す。社説を何編か書写すると、文章力が自然と身につく。

④市毛式の構成法と合っているかどうかをチェックする

　社説のどこまでが「①はじめ」に当てはまるのか、原稿用紙の欄外に赤で書く。社説全体の構成が理解できる。たいていの社説は、市毛式の構成法に当てはまっている。

⑤わからない語句は調べる

　辞典またはインターネットで調べて、欄外に書いておくと、理解が深まり知識が増える。語句の意味がわからないまま書写しても、効果は薄い。

＊＊

Memo

122 第4章 文章表現《応用編》

⑥音読してみる

　書き終わったらファイルし、一度音読するとさらに理解が深まる。後日、再び音読すると効果が倍増する。

　次のような保育に関する社説を探して書写しよう。政府が検討している保育に関する政策やその問題点などの理解が深まり、就職試験の際に「保育者としての専門性を問う小論文」が出題されても臆することなく取り組めるようになるだろう。

❖演習問題❖ 「㉒保育に関する社説の書写」「㉓小論文」 ➡ 169〜174ページ

事　例

保育に関する社説の例① 「待機児童増加　幼稚園の活用を解消の一助に」

　保育所に入れない待機児童が一向に減らない。早期の解消へ、対策を加速させねばならない。

　厚生労働省が公表した今年4月時点の待機児童数は、2万6081人に上る。前年よりも2528人多く、3年連続の増加となった。

　景気の回復傾向に伴い、子供を預けて働きたい人が増えている。認可保育所などの定員は、昨年より10万人以上拡大したものの、需要増に追いついていない。

　親が育児休業中でも、復職の意思がある場合には、その子を待機児童として数えるなど、厚労省が定義を見直したことも数字に表れているのだろう。

　自治体が独自補助する認可外施設に入った場合など、集計に含まれない「隠れ待機児童」も前年比1870人増の6万9224人に達する。計9万人超の保育ニーズが満たされていない計算だ。需要予測の難しさを物語っている。

　政府は6月に待機児童解消の新プランを打ち出した。22万人分の受け皿を2018年度から追加整備し、20年度末までに待機児童をゼロにするのが目標だ。可能な限り早期に達成したい。

　受け皿拡大策として、新プランが重点を置くのが、2歳児の幼稚園での受け入れ促進だ。

　政府は、3〜5歳児向けの幼稚園に対して、保育も行う「認定こども園」への移行を促してきたが、思うように進んでいない。0歳児から預かるためには、設備や人員面の負担が大きいためだ。

　待機児童の7割超を1〜2歳が占める。比較的対応しやすい2歳児だけでも受け入れる幼稚園が増えれば、一定の効果はあろう。

　都市部では、用地不足や住民の反対により、保育所の新設が困難になっている。園庭など基本的な設備が整った幼稚園の活用は、待機児童解消の決め手となり得る。2歳児の受け入れを通じ、認定こども園への移行を増やしたい。

　新プランは、企業が従業員向けに設ける「企業主導型保育所」の拡充も掲げる。政府は、今年度末までの整備計画を2万人分上積みして、7万人分にした。

　従業員の働き方に合った運営が可能な反面、保育士の配置基準が認可施設より緩いため、安全面を心配する声もある。職員の研修体制の充実など、保育の質を確保する仕組みが求められる。

　保育士不足は深刻だ。受け皿拡大に必要な人材を確保するには、一層の処遇改善が欠かせない。政府は、新プランを実現させる財源について議論を進めるべきだ。

（読売新聞　2017年9月7日付）

事 例

保育に関する社説の例② 「子育て支援 待機児童解消が先だ」

　政府が経済財政運営の基本方針（骨太の方針）を閣議決定した。「人材への投資」を重点課題と位置づけ、そのなかで幼児教育・保育の早期無償化や待機児童の解消を掲げた。

　その財源を確保するために、財政の効率化、税、新たな社会保険方式の活用を挙げ、「年内に結論を得る」とした。新たな社会保険方式は、自民党の小泉進次郎氏らが提唱する「こども保険」が念頭にある。

　子育て支援に力を入れるのは妥当だ。だが、何にどうお金を使うのか。使い道と必要な予算額がはっきりしないと、みんなで負担を分かち合おうという機運も盛り上がらない。まずは政策の優先順位を明確にし、具体的な施策と財源を一体で議論していくべきだ。

　「こども保険」は、自民党の公約である幼児教育無償化を実現するために検討されてきた。子育て世帯に手当を給付するなどして経済的に支援することを狙うが、年金保険料に上乗せして財源をつくる想定のため、現役世代に負担が集中するなど課題が少なくない。

　何より、「保育園に入れない」という切実な声が広がる現状を見れば、現金支給の前に最優先で取り組むべきは待機児童の解消ではないか。

　安倍政権は今年度末までに待機児童をゼロにする計画を掲げてきたが、20年度末へ先送りした。保育所も増えてはいるが、働く女性の増加などに伴う需要の伸びに追いついていない。潜在的な保育ニーズを含む実態の把握と見通しが甘かったと言わざるを得ない。

　政策を裏付ける安定的な財源を十分確保してこなかったため、対策が小出しになる、という構図も透けて見える。もう、その轍を踏んではならない。

　新たな待機児童解消プランでは、来年度から３年間で新たに約22万人分の「受け皿」を整備するとしているが、具体的に何をどれだけ増やすのか。

　待機児童が深刻な都市部では、保育所の用地が見つけにくくなっている。保育士などが足りず、定員より受け入れ人数を減らす保育所もある。そうした課題への手立ても必要だ。

　職員数の水増しや子どもへの虐待など悪質な保育所の事例も問題になりつつある。「質の確保」はどう進めていくのか。

　総合的な対策のメニューと必要な予算の規模を示すことが、議論の出発点になる。

　小泉内閣の「待機児童ゼロ作戦」から約15年。今度こそ達成するよう、政権の本気度を示してほしい。

（朝日新聞　2017年６月11日付）

Memo

保育に関する社説の例③ 「赤ちゃんポスト10年　命を守る活動を広げたい」

　貧困や暴力などが絡んだ不慮の妊娠によって、望まれずに生まれる子供がいる。

　そうした子を守ろうと、熊本市の慈恵病院が「赤ちゃんポスト（こうのとりのゆりかご）」を始めて10年になる。親が育てられない子を匿名で受け入れる国内唯一の施設だ。

　預けられた赤ちゃんは昨年3月までに125人に上る。同病院は児童相談所と協力し実親の調査や、特別養子縁組につないで赤ちゃんが手厚く養育されるよう取り組んできた。

　赤ちゃんポストをめぐっては開設当初「安易な子育て放棄を助長する」との批判があった。当時、安倍晋三首相も「匿名で子供を置いていけるものを作るのには大変抵抗を感じる」などと否定的な発言をした。

　だが、最近は若者の貧困や家族の機能低下などを背景に「望まない妊娠」は増え、小中学生の出産も少なくない。同病院が受ける妊娠や出産に関する問い合わせも年間5000件を超える。ポストの必要性は感じられるようになってきた。

　厚生労働省によると、無理心中以外の虐待で亡くなった18歳未満の子供は2003～14年度で計626人に上る。このうち半数近くが0歳児で、実の母親が加害者である場合がほとんどだ。

　もともと日本は望まれずに生まれてきた子への対応が遅れてきた。妊娠中絶の件数が多いことも背景にある。ドイツをはじめ諸外国では赤ちゃんポストに類似した制度が古くから存在し、多くの命を救ってきたのとは対照的だ。

　最近になって厚労省は産科のある医療機関、貧困や家庭内暴力の被害者を支援するNPOなどに児童福祉司を配置し、「望まない妊娠」をした女性の支援に乗り出している。

　今年4月から施行された改正児童福祉法では、里親や特別養子縁組の支援を強化することになった。さらに、養子縁組をあっせんする民間団体への法規制を強化し、金銭目的の団体を排除するなどして質の向上に取り組んでいる。

　それでも網の目からこぼれるケースはあるだろう。赤ちゃんポストが受け止めてきたものの重さを認め、より幅広い支援体制を構築すべきだ。どんな事情があっても生まれてきた命は守られねばならない。

（毎日新聞　2017年5月11日付）

Memo

7 連絡帳の書き方

　子どもに携帯させて、保護者と担任との連絡を密にするとともに連携を図るのが連絡帳。数々の長所があるが、ちょっとした行き違いでトラブルの原因になるなど注意しなければならない点もある。
　就職してすぐの園内研修会で、連絡帳の書き方についての統一見解の説明をするところは少ないとの報告もある。また、教えてくれる先輩もなく、保育以上に戸惑ったとの声も寄せられている。ここでは連絡帳全般についてしっかり学んでもらいたいと思う。
　なお、園によっては保育者の負担を軽減するために、連絡帳を用いないところもある。

(1) 主な長所

　連絡帳の長所は、文章化することで、口頭と違い正しく伝わる点である。そのほかにも以下のような長所がある。

- 送迎時に話そうとしても、混雑していてゆっくり話せないケースの解消になる。
- 話しにくいことも連絡帳なら気楽に書ける。
- 書いたことにより子どもの成長の様子が記録として残る。
- 連絡帳を通して、保護者と担任の間に信頼関係が築かれる。

Memo

(2) 主な欠点

口頭と違い文章として記録に残ることは長所であるが、逆効果になることもある。そのほかにも以下のような欠点がある。

> ・保育中に書くこともあるので、保育者にとっては手間がかかる。
> ・書き方によってはトラブルの原因となる。

上記のような欠点を解消する目的で、親からの連絡を確認した印鑑を押し、後で電話をかけ連絡を取る園もある。

(3) 書く上での留意点

連絡帳を楽しみにしている保護者は多い。毎日欠かさず書くようにしたい。伝達事項だけでなく、読んだ保護者が「明日も子育てを頑張ろう」と思うような元気を与える事柄も加えたい。そのほかにも以下の点に留意して書く。

> ・一担任としての立場だけでなく、園を代表して書くという認識を持つ。
> ・保護者も記入に苦労していることを念頭にして、書きやすい雰囲気を作る。
> ・保護者によっては、受け止め方が違うことに注意する。
> ・保護者だけでなく、祖父母なども目にすることを念頭に置いて書く。
> ・保護者からの難しい問い合わせなど即答せず、必ず上司の指示を仰ぐ。
> ・先生であることを自覚して、誤字・脱字に注意して、ていねいに楷書で書く。
> ・「です・ます」調の敬体を基本とし、命令調でなくソフトな表現に徹する。
> ・若者言葉、用字用語などに注意する（41ページ、63ページ参照）。
> ・顔文字「(^-^)」「(>_<)」や（笑）やハートマークは原則として用いない（上司が認めている場合はよい）。

✤✤✤ エピソード ✤✤

連絡帳に担任が書くスペースは決まっている。子どもをよく観察し、たくさんの気づきから選択して記入することになるが、どうしても書くことが浮かばない日もある。苦肉の策として大きな字で書いたら、後日、ある母親と会ったときに「連絡帳、書くの大変でしょう」と慰められた。保護者に見破られていたとの報告もある。

(4) 書く内容

連絡帳は子どもの悪い点ばかりでなく、励みになるような事柄を主とし、よい点を積極的に書くようにする。そのほかにも以下の点に留意して書く内容を構成しよう。

・毎回、同じ内容や表現にならないよう配慮する。
・書く内容を絞り、簡潔に書く。
・園での様子を中心とし、特に遊びや健康状態などがよい。
・個人的に持ってきてほしい品物やお願いなどもよい。

たとえば、上靴（上履き）が小さくなったことなどを書く。子ども全員が対象となるような場合は「園だより」または保護者への通知文がよい。

(5) 連絡帳を忘れた子どもの扱い

忘れた当日は、連絡事項を口頭（または電話）やメモ帳を使って伝える。急ぎの連絡事項がない場合は、翌日、前日の欄に1日遅れで記入して対応する。

Column　増え続けるモンスターペアレント

2002年に埼玉県の市立保育所の女性所長（当時53）が焼身自殺した。自殺した所長は園児同士のケンカでけがをした男児の両親からつきっきりの保育を命じられるなど、毎日のように苦情や不当な要求を受けていたとか。エスカレートした両親から市役所に所長を批判する手紙が届けられた1週間後、保育所敷地内で遺体で発見された。

次のような事例も報告されている。

・「我が子は朝苦手だから、9時までの登園はさせられないので10時までにしろ」
・「子どもがおもちゃを取り合ってケンカになると『そんなものを幼稚園に置かないでほしい』と苦情」
・「自分の子どもがけがをして休むと、けがをさせた相手の子どもも休ませろ」
・「親同士の仲が悪いから、子どもを同じクラスにしないでくれ」

いずれも自己中心的な要求である。上司に相談して指示を仰ぎ、毅然（きぜん）と対応しなくてはいけない例である。このようにモンスターペアレントが急増しているので、トラブルにならないように真心を持った対応も大切である。

❖ エピソード ❖

ある保育所の主任の話。この園では連絡帳に絵文字を使ってはいけないことになっているが、どうしても使う保育士がいると嘆く。園の方針にはしたがわなくてはいけないし、先生としての自覚が足りないと言われてしまう。

128 第4章 文章表現《応用編》

(6) 0～3歳児未満の連絡帳

体調管理のデータを記入する欄のある連絡帳を用意する。

●図表 4-23　0～3歳児未満の連絡帳の例

月　　日（　　）	検温　　　℃	睡眠　　　：　　　～　　　：　　　（　　　）時間（　　　）分	
家庭からの連絡	健康状態 普通 その他	入浴　あり・なし	
		夕食：メニュー	
		朝食：メニュー	
		排便　夜　あり・なし　（普通・その他　　　　　　　　　　　　） 　　　朝　あり・なし　（普通・その他　　　　　　　　　　　　）	
		連絡事項	
月　　日（　　）	給食　よく食べた 　　　残した　（　　　　　　　　　　　　　　　　　　　　　　）		
園からの連絡	持たせて ほしい品物	午睡　　　：　　　～　　　：　　　（　　　）時間（　　　）分	
		排便　あり・なし　（普通・その他　　　　　　　　　　　　　　）	
		連絡事項	

Memo

(7) 3歳児以上の連絡帳

シンプルでわかりやすい連絡帳を用意する。

●図表 4-24　3歳児以上の連絡帳

		月　　　日　　　曜	担任確認印
家庭からの連絡	子どもの様子		
	園へのお願い		

		月　　　日　　　曜	保護者確認印
園からの連絡	子どもの様子		
	家庭へのお願い		

❖　**エピソード**　❖

　ある新任の幼稚園教諭の書く連絡帳は、誤字・脱字が目立った。あるお母さんは最初こそ苦笑していたが、とうとう我慢できずに、赤ペンで直して返却。それでもミスが続くので園長に抗議したとか。学生時代は国語力アップに努めるとともに、自信のない言葉は辞書を引く習慣をつけたい。

(8) 連絡帳の作り方

　園によっては市販されているものを使う場合があるが、ほとんどの園では手作りである。パソコンと印刷機（またはコピー機）で簡単に作れるが、子どもの成長の記録として保存されるので製本はしっかりすること。そのほかに以下の点にも留意したい。

・なるべく保護者に負担をかけないように作る。
・連絡帳を入れる袋を必要とする園もある。
・連絡帳のカバー作成を保護者に依頼する園もある。

注意を要する例

保護者より
　9月10日（水）
　入浴中に右足のくるぶしの近くを見たら、ひっかき傷がありました。たいした傷ではなく、本人も痛がってはいませんが、ちょっと気になりました。
　どこでけがをしたのでしょうか。

担任より
　昨日はお知らせしましたように、園外保育に出かけました。公園のバラに触っていたので、おそらく、そのときの傷だと思います。
　お友達とのけんかなどはありませんでしたので、ご安心ください。先に気がつかなくて申し訳ありません。以後、注意いたします。

　子どものけんかやひっかき傷を作ることはよくある。保護者の不安を解消するように「バラに触っていたのでそのときの傷」と原因を明らかにした後、「けんかなどはありませんでしたので、ご安心ください」と説明を加えたい。忘れてはならないのが謝罪で「先に気がつかなくて申し訳ありません。以後、注意いたします」とすると万全である。
　別項でも触れてあるが、問題が複雑にならないように、直接、保護者に会って事情を説明し納得してもらう方法を取る園も多い。

****

Memo

トラブルの原因となる可能性が高い例

担任より

11月15日（火）

　同じクラスの太郎くんのお母さんから「1カ月前、翔くんからけられたので、注意してほしい」という苦情がありました。こちらでも注意しますが、ご家庭でもよろしくお願いいたします。

　翔くんの保護者が憤慨するのは当然で、トラブルの原因となる内容である。以下、原因を整理してみる。

- 1カ月も前のことである。
- 一方的に太郎くんのお母さんからの苦情を信じ、そのまま伝えていて中立の立場でない。
- 事実関係を調べていない。
- 上司に相談しないで書いている。

　上記のようなことから連絡帳に書くべき内容ではない。上司に相談し、その判断に基づいて両方の保護者に面談して、担任の不行き届きを謝罪すべき事例である。けがやけんかについては、直接会って説明、謝罪するのがベストである。

Column　連絡帳入れ作り、保護者の負担に

　インターネット上の育児情報交換サイトの書き込みを見ると、保護者（ほとんどが母親）の嘆きの声がある。その中に、手作りの「連絡帳入れ」を作らなければならない保護者の負担に関するものがある。参考となるので、以下に要約して紹介しておく。

- 毎年、新しいキャラクターを考えなければならない
- 2人預けているので、作るのが大変
- 縫い物が苦手なので、ミシンがかけられない

　保育所では、このほかに布団カバーや食事用エプロンを手作りしなければならなかったり、持ち物すべてに名前を書く、といった準備も必要になる。特に、保育所に預けている保護者は、仕事を持っている点を考慮して負担を軽くする工夫が必要である。

エピソード

　保育現場から「顔文字『(^-^)』『(>_<)』や（笑）やハートマークが書かれた連絡帳が届く」「プリクラを貼ってこられたお母さんがいた」という話を聞く。若いお母さんと若い保育者間では、絵文字などは有効な表現手段と言えなくもないが、使用については上司の判断にしたがうようにしたい。プリクラは「あくまで連絡帳なので」と、やんわりと断るとよい。

好ましい例

保護者より

　1月5日（月）

　明けましておめでとうございます。今年もよろしくお願いします。

　年末年始は、どこにも出かけずのんびり過ごしました。

　保育園のように運動しないので、夜はなかなか寝ないで起きていることが多かったです。

担任より

　こちらこそ、本年もよろしくお願いします。久しぶりの登園でしたが、お友達と仲よく遊びました。

　食欲があり、おいしそうに給食のミートボールをほおばって食べていました。

　午睡になると、いつもと違うためか寝つきが遅いように感じましたが、しばらくするとよく眠っていました。

　保護者の文章に対して、担任はそつなく答えている。「夜はなかなか寝ない」という保護者に対して「寝つきが遅いように感じましたが、しばらくするとよく眠っていました」という報告は不安を解消していてよい。保護者の「明けましておめでとうございます」に対して賀詞の返礼がほしい。

Column　連絡帳に対する保護者の本音

　インターネット上の育児情報交換サイトの書き込みを見ると、保護者（ほとんどが母親）の連絡帳に関する書き込みがある。以下、参考になるものを要約して紹介する。
- ・今度の担任の先生は連絡帳があっさりしているので、ちょっとつまらない
- ・保育士さんに面と向かって言いづらいことも、連絡帳ならばサラッと伝えられる
- ・毎日連絡帳に園での子どもの様子を先生が書いてくれて、楽しみにしている
- ・保育園はずっと同じ連絡帳を使い続ける。汚れてしまうので毎年新しくしてもよいと思う
- ・連絡帳に書くのは恥ずかしかったので、うそを書いた

　保護者はさまざまな観点から、連絡帳を見ていることがわかる。保育者は真心を持って連絡帳を書くようにしたい。

❖演習問題❖　「㉔連絡帳」　→　175～176ページ

❖❖ エピソード ❖❖

　「Web連絡帳」とは担任と保護者の連絡ノートをインターネット上で実現したもので、担任と保護者の一対一の掲示板なので、連絡したいことを安心して書き込める。インターネットなので、お互いの都合のよい時間に利用できる。メールと違い保護者ごとに過去のやり取りが時系列でわかる利点もある。携帯電話からも利用可能なので、近い将来「Web連絡帳」がメインになる日が来るかもしれない。

園だよりの書き方

　ほとんどの幼稚園や保育園では、定期的に園だよりを発行して保護者との連携を図っている。必要に応じて園だよりの一種のクラスだよりや健康だより、給食（栄養）だよりを発行している園もある。しかし、健康だより、給食（栄養）だよりを独立させないで、園だよりとクラスだよりにその内容を収録している園が大半である。

　発行は学期の最初と最後、月1～2回、毎週1回など、園によって異なる。

　園だよりは保育者が順番で作成している園が普通で、みなさんも保育者になると、その担当になる。最近、ウェブサイト上に園だよりを載せている園も増えているので、参考にするとよい。

　ここでは園だよりに限定して書き方を述べる。勤務先でクラスだより、健康だより、給食（栄養）だよりの担当となった場合は、ここで学んだことを応用すればよい。

(1) 発行の目的

　どんな園だよりにも発行には目的がある。したがってその編集方針に沿うように書く必要がある。おおむね以下のような目的のために園だよりは発行されている。

①園長の教育・保育方針を知ってもらう

　教育や保育方針など、園長のさまざまな考え方を保護者に理解してもらうため。

②保護者に園での生活の様子を知ってもらう

　子どもの園での様子は、一番、保護者が知りたいと望んでいることなので、くわしく知らせたい。

③保育予定や行事予定を知ってもらう

　給食日の変更や運動会についてなどを、できるだけわかりやすく知らせたい。

Memo

④持参する品物を知ってもらう

表現活動で使用する品物を集めてもらうためなど。

⑤保護者向けの情報を伝える

保護者の趣味の会活動や廃品回収、イベントへの協力などを知らせるため。

⑥記録として残る

子ども、保護者にとっては園での生活や成長の記録となり、保育者にとっては保育実践の記録として翌年以降の貴重な資料となる。

(2) 書くときの留意点

①よく取材する

普段からこまめにメモを取り、情報を集めておく。その中から掲載しなければならない事項を個条書きする。その事項の掲載位置や順番を決める。レイアウトが決まったら、上司の指示を仰ぐ。

②記事を書く

記事を書く際は、次のような点に注意して書く。

> ・保護者が読んで、子どもの姿がイメージできるような文章を書く。
> ・子どもの姿は期待が持てるように書く。たとえば「今はこのような姿が見られますが、このような育ちの途中なので、見守っていきたい」などとする。
> ・保護者と一緒に子どもたちを育てていきたいという思いを持ちながら書く。
> ・特定の学年、クラス、園児に偏らないように配慮する。
> ・園児の個人名を使うときは、保護者の了解を取るか「Aさん」と匿名にするとよい。
> ・常用漢字表の範囲で書く。新聞は常用漢字表に準じているので読みやすい。
> ・長文にしない。短文だとわかりやすく誤解も生じにくい。
> ・「子どもたち」という表現より「お子さん方」としたい。
> ・文末は「～である」でなく「～です、ます」調がソフトである。
> ・読者(保護者)を念頭に置いてていねいな表現にし、命令調にはしない。

Memo

以下、園だよりの記事の例文を挙げながら、ポイントを見ていこう。

例　文	「○月○日(水)　洗って乾燥させた牛乳パックを1個、必ず持たせてください」 ⬇ 「○月○日(水)　洗って乾燥させた1リットルの牛乳パックを1個、お子さまに持たせてくださるようお願いいたします」

事例や実例を記述して、なるべく具体的な文章にする。

例　文	「毎日、給食をおいしそうに食べています」 ⬇ 「毎日、給食を残さずに、嫌いと言っていたニンジンも全員が食べてくれました」

上の例文でも悪くはないが、下のように「残さず」「嫌いなニンジン」「全員、食べた」との内容にすると具体的になるだけでなく、読む保護者に喜びや安堵感を与えることになる。

例　文	「運動会開催」 ⬇ 「運動会が開催されます」

見出しは漢字と仮名を適度に交ぜる。サブタイトルがあると見出しの意味の理解の助けとなる。新聞の見出しは、漢字と仮名が適度に交じっていてわかりやすくなっている。

日時や金額などの数字の入力ミスにも注意する。特に、前年の文書を変更して作成する場合は、日付などの訂正を忘れがちなので注意する。

例　文	「最近、待機児童が急増しています」 ⬇ 「最近、（市区町村が）認可している保育園の定員がいっぱいで、入るのを待っている待機児童が急増しています」

専門用語、カタカナ語には気をつける。専門用語などを用いるときは、前後でフォローする。

保育方針、連絡事項やお願いだけになると、単調になり魅力に欠けることになる。息抜きとしてトピックスや豆知識を入れ、園だよりの内容がバラエティに富むように工夫（次の例文のカリンのように）をしたい。

✻✻

Memo

| 例　文 | 「園庭のカリンの実が色づきました」
⬇
「園庭のカリンの実が色づきました。カリンはのどによいと言われます」 |

情報を集めて説明文を入れたり、カリンのデジカメ写真を入れるともっとよい。

(3) パソコンで書くときの留意点

パソコンで園だよりを作成する際は、次のような点に留意したい。

- ・原則として、A4判の横書きとする。
- ・題字は毎回同じにして、一見して「園だよりだ」とわかるようにする。パソコンを使ってのデザインが得意な人に作ってもらうとよい。新聞の題字はいつも同じなので、ちょっと見ただけで「××新聞だ」とわかるのと同じである。
- ・レイアウトを考える。書体、文字の大きさ、行間に気をつけて、読みやすいように配慮する。
- ・段落を長くしない。長くても5行以内で改行する。10行も続くと読みにくくなる。
- ・「！」や「？」を乱用しない。なるべく使わないで、その気持ちは文章で表現するとわかりやすくなる。
- ・「…」を「・・・」としないで、1字分に点を3個入れる。
- ・イラスト、デジカメ画像、表や図を取り入れる。

イラストや写真は記事に合ったものとし、視覚的にも訴える。子どものアップ写真の掲載は、嫌う親もいるので慎重を期したい。

(4) 手書きで作る場合

パソコンで書くときの留意点に加えて、次の点に注意したい。

- ・丸文字、マンガ文字などで書かない。
- ・字形の誤りに気をつける（60ページ参照）。

■■ ミ ニ 知 識 ■■

子どもの写真が園だよりに掲載された場合、保護者の反応は次のようにさまざまである。
①素直に喜んでくれる
②掲載許可を求めないことについて苦情を言う
　いちいち許可を取るのは大変である。年度初めの「園だより」に「写真掲載をしますが、個別に許可を取ることは省略します。掲載に不都合がある場合は、前もってご連絡ください」など文書で知らせておくとよい。
③意外な指摘をしてクレームをつける
　ある園で昼食風景の写真を掲載した。たまたま1人で食べていた写真の子の保護者から「うちの子は、いつも1人で寂しく食べているのか」とクレームが寄せられたとか。神経質な保護者がいるので、写真は慎重を期したい。

(5) その他の注意点

書いたらディスプレイ（モニタ）上で校正するだけでなくプリントして確認し、さらに園長など上司のチェックを受ける。手書きも同様にチェックを受ける。発行する時期にも気をつける。行事予定を載せる場合、早いと忘れられるし、遅いと保護者が対応できない。

● 図表 4-25　園だよりの例

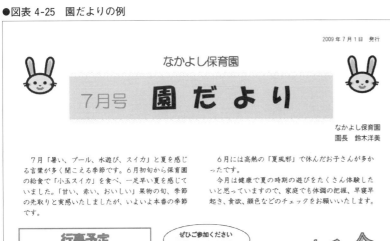

（6）保護者への連絡文書の書き方

　遠足など行事の連絡で、保護者への連絡が必要となる。最近では、園のホームページやメールによる連絡も増えているが、ここでは文書による連絡方法を学んでもらう。作成上の留意点については、「（5）就職試験の書類に添える送り状」（109ページ参照）で確認してほしい。
　連絡方法には次の2通りがある。

・**園（またはクラス）だよりに入れる**：囲み記事（137ページの夕涼み会参照）にするなどの工夫をして、目立つようにする。
・**単独の文書として連絡する**：次の図のようなビジネス文書形式にする。

●図表 4-26　保護者への連絡文書の例

```
                                              平成×年×月×日

  りんご組保護者のみなさまへ
                                              りんご組担任
                                              鈴木花子
```

あて名を書く。「保護者各位」「保護者様各位」「保護者の皆様」でもよいが「保護者のみなさまへ」のほうがソフトになる。「父母各位」を使用した時期もあったが、母子家庭（父子家庭）の保護者もいるので慎重を期したい

　　　　　　　　　親子遠足のお知らせ

件名は内容がわかりやすいように書く。「～のお知らせ」「～について」の文末が多い

　朝晩、すっかり秋らしくなりました。
　さて、今年も親子遠足の時期になりました。園児たちも楽しみにしておりますので、よろしくお願いいたします。詳細は下記の通りですので、お間違いのないようにお集まりくださいますよう、お知らせ申し上げます。

　　　　　　　　　　　　　　記

「下さい」でもよいが「ください」とするとソフトになる。「集合」より「お集まり」にするのも同様である

1 日　　時　×月×日(水)　午前8：30（10分前にはお集まりください）
2 集合場所　幼稚園玄関前
3 日　　程　8：30 幼稚園発 ～ 10：00 ○○遊園地着（園内見学と昼食）
　　　　　　～ 13：00 ○○遊園地発 ～ 14：30 幼稚園着
　　　　　　※着後は解散となります。
4 持 ち 物　・お弁当 ・水筒(ペットボトル可) ・小さいレジャーシート（昼食時に使用）
　　　　　　・雨具 ・タオルとおしぼり
5 服　　装　園児は制服、保護者は動きやすい服装と帽子
6 交　　通　大型貸切バス

「（昼食時に使用）」のように（　）の中に補足すると親切になる。「※着後は解散となります」という補足も親切である

7 そ の 他　1)雨天の時は×月○日（木）に順延します。そのときは、当日の朝7：00
　　　　　　にメールでご連絡いたします。
　　　　　　2)ご不明な点は担任までご連絡ください。

　　　　　　　　　　　　　　　　　　　　　　　　　　　　以上

《切り取り式ワークシート》

　本書の内容で「これだけはしっかりと覚えておきたい」というところを、切り取り式のワークシートとしてまとめた。授業内容の再確認、自分の実力チェックなど、大いに活用してほしい。書写など面倒だなと思いながらやるのではなく、文章の構造や表現に気をつけながら何度も書いてほしい。文章をうまく書くコツは、習うより慣れろである。

❖ 演習問題 ❖　「①敬語」

(1)次の表現を敬語に直そう。

①ケガさせて、すみませんでした。

---

②○○先生に言っておきます。

---

③太郎くんの病状、どうですか？

---

④園長先生はいません。

---

⑤その件、わかりました。

---

(2)次の表現の誤りを直そう。

①（面接時、保護者に対して）どうぞ、お名前を申してください。

---

②パンダ組の保育室も拝見してください。

---

③主任、太郎くんのお母さんが来ています。

---

④ウサギにえさをあげないでください。

---

(3)次の（　　）の中を正しく直そう。

①園長先生！　準備ができましたので（見て）いただけませんか？

---

②園長先生は何を（食べる）のですか？

---

③卒園の記念品を出口で（もらって）ください。

---

④お母さん！　園に（来て）いただけませんか？

学　　　年	ク　ラ　ス	番　　号	氏　　　名

♣ 演習問題 ♣ 「②自己紹介」

　児童養護施設に泊まり込みで実習に行った初日と仮定する。33〜36ページを参考に職員対象、入所者対象の自己紹介を書いてみよう。

①職員対象の自己紹介

②入所者対象の自己紹介

❖ 演習問題 ❖ 「③平仮名／片仮名」

（1）小学生時代を思い出して、正しい平仮名を書いてみよう。

あ	か	さ	た
い	き	し	ち
う	く	す	つ
え	け	せ	て
お	こ	そ	と

な	は	ま	や
に	ひ	み	ゆ
ぬ	ふ	む	よ
ね	へ	め	
の	ほ	も	

ら	わ	が	ざ
り	を	ぎ	じ
る	ん	ぐ	ず
れ		げ	ぜ
ろ		ご	ぞ

だ	ば	ぱ
ぢ	び	ぴ
づ	ぶ	ぷ
で	べ	ぺ
ど	ぼ	ぽ

学　　　年	ク ラ ス	番　　号	氏　　　名

(2) 小学生時代を思い出して、正しい片仮名を書いてみよう。

ア	ア				カ	カ				サ	サ				タ	タ			
イ	イ				キ	キ				シ	シ				チ	チ			
ウ	ウ				ク	ク				ス	ス				ツ	ツ			
エ	エ				ケ	ケ				セ	セ				テ	テ			
オ	オ				コ	コ				ソ	ソ				ト	ト			

ナ	ナ				ハ	ハ				マ	マ				ヤ	ヤ			
ニ	ニ				ヒ	ヒ				ミ	ミ				ユ	ユ			
ヌ	ヌ				フ	フ				ム	ム				ヨ	ヨ			
ネ	ネ				ヘ	ヘ				メ	メ								
ノ	ノ				ホ	ホ				モ	モ								

ラ	ラ				ワ	ワ				ガ	ガ				ザ	ザ			
リ	リ				ヲ	ヲ				ギ	ギ				ジ	ジ			
ル	ル				ン	ン				グ	グ				ズ	ズ			
レ	レ									ゲ	ゲ				ゼ	ゼ			
ロ	ロ									ゴ	ゴ				ゾ	ゾ			

ダ	ダ				バ	バ				パ	パ			
ヂ	ヂ				ビ	ビ				ピ	ピ			
ヅ	ヅ				ブ	ブ				プ	プ			
デ	デ				ベ	ベ				ペ	ペ			
ド	ド				ボ	ボ				ポ	ポ			

注意！ ヲの書き順は左図のようになる。
正しい書き順をおぼえよう。

❖演習問題❖ ［④教育漢字］

小学校低学年で習う教育漢字を、字形に注意しながら書写してみよう。

✄ 第1学年（80字）✄

一	右	雨	円	王	音	下	火	花
貝	学	気	九	休	玉	金	空	月
犬	見	五	口	校	左	三	山	子
四	糸	字	耳	七	車	手	十	出
女	小	上	森	人	水	正	生	青
夕	石	赤	千	川	先	早	草	足
村	大	男	竹	中	虫	町	天	田
土	二	日	入	年	白	八	百	文
木	本	名	目	立	力	林	六	

✄ 第2学年（160字）✄

引	羽	雲	園	遠	何	科	夏	家
歌	画	回	会	海	絵	外	角	楽
活	間	丸	岩	顔	汽	記	帰	弓
牛	魚	京	強	教	近	兄	形	計
元	言	原	戸	古	午	後	語	工
公	広	交	光	考	行	高	黄	合
谷	国	黒	今	才	細	作	算	止
市	矢	姉	思	紙	寺	自	時	室
社	弱	首	秋	週	春	書	少	場
色	食	心	新	親	図	数	西	声
星	晴	切	雪	船	線	前	組	走
多	太	体	台	地	池	知	茶	昼
長	鳥	朝	直	通	弟	店	点	電
刀	冬	当	東	答	頭	同	道	読

学　　年	ク　ラ　ス	番　　号	氏　　名

内	南	肉	馬	売	買	麦	半	番
父	風	分	聞	米	歩	母	方	北
毎	妹	万	明	鳴	毛	門	夜	野
友	用	曜	来	里	理	話		

✁ 第3学年（200字）✁

悪	安	暗	医	委	意	育	員	院
飲	運	泳	駅	央	横	屋	温	化
荷	界	開	階	寒	感	漢	館	岸
起	期	客	究	急	級	宮	球	去
橋	業	曲	局	銀	区	苦	具	君
係	軽	血	決	研	県	庫	湖	向
幸	港	号	根	祭	皿	仕	死	使
始	指	歯	詩	次	事	持	式	実
写	者	主	守	取	酒	受	州	拾
終	習	集	住	重	宿	所	暑	助
昭	消	商	章	勝	乗	植	申	身
神	真	深	進	世	整	昔	全	相
送	想	息	速	族	他	打	対	待
代	第	題	炭	短	談	着	注	柱
丁	帳	調	追	定	庭	笛	鉄	転
都	度	投	豆	島	湯	登	等	動
童	農	波	配	倍	箱	畑	発	反
坂	板	皮	悲	美	鼻	筆	氷	表
秒	病	品	負	部	服	福	物	平
返	勉	放	味	命	面	問	役	薬

由	油	有	遊	予	羊	洋	葉	陽
様	落	流	旅	両	緑	礼	列	練
路	和							

※字形を間違いやすい漢字は、61ページを参照してほしい。

※網掛けの漢字は、間違いやすいので注意したい。次のような間違いがないか、確認しよう。

✂第1学年✂

花→花　見→見　女→女　先→先　男→男　天→天　田→田

✂第2学年✂

活→活　近→近　兄→兄　オ→才　作→作　弱→弱　週→週
心→心　図→図　多→多　読→読　分→分　母→母　方→方
毎→毎　万→万　門→門

✂第3学年✂

院→院　化→化　寒→寒　感→感　起→起　県→県　号→号
住→住　助→助　進→進　代→代　題→題　追→追　都→都
動→動　秒→秒　病→病　部→部　返→返　問→問　遊→遊
様→様　落→落　和→和

学　　年	ク　ラ　ス	番　　号	氏　　名

✿ 演習問題 ✿「⑤現代表記」

次の文章を現代の表記に直そう。直す部分に下線を引き、正しく書きなさい。

　　実習から戻った先輩が「沢山、辛いこともあるが、来年は是非頑張って」と励ましてくれた。私達

も来年は学外実習に行く事になっている。今から少しづつ準備をして、先輩の様になりたいと思う。

その為には、予め実習先を見学するのが1つの方法である。又、ピアノの練習も長目にしなくてはな

らない。

✿ 演習問題 ✿「⑥誤用しやすい用語」

次の文章は用語を誤用している。用語の部分に下線を引き、本来の意味を正しく書きなさい。

①お子さまは女の子が1人、男の子が2人で一姫二太郎ですね。

②簡単に助けてはダメ！　情けは人のためならずだよ。

③あの人はすぐしゃべるので、気が置けない人だ。

④小春日和のぽかぽか陽気に誘われて、二月なのに梅が咲いた。

⑤スーパーも近く便利なので、ここは住めば都だ。

♣演習問題♣ 「⑦当て字」

次の文中の当て字に下線を引き、正しく直しなさい。

①毎年、幼稚園の畑でジャガイモを裁培している。

②狂暴な猫が園庭に入り込み子どもがケガしてしまった。

③今年も保育園でお遊技会が開かれる。

④新年度を迎え、新しく担任する子どもと出合った。

⑤適切な意見を発表したので関心してしまった。

⑥とても特長のある顔つきだったので、すぐに覚えた。

⑦園外の新人研修会で、著名な先生の講議を受けた。

⑧今年も入園希望者が殺倒して、受付に汗を流した。

⑨準備を怠けたので、ほかのクラスに遅れを取ってしまった。

⑩子どものときの幼児体験は大変に貴重である。

⑪保護者会でクラスの方針について、自信漫々に話していた。

⑫園長先生に、私の本位を包み隠さず聞いていただいた。

⑬偶然、2つの幼稚園のバスが平行して走っていた。

学　　　年	ク ラ ス	番　号	氏　　　名

⑭保育者になったら、何事も普段の努力が大切である。

⑮夕方、園の周りに挙動不信な男がうろついていた。

⑯ここ数年は入園希望者が激減したので、閉園は必死である。

⑰池に浮いている落ち葉を拾い揚げるのが、一苦労だった。

⑱梅雨が明けたので、涼しい日影で読み聞かせをした。

⑲この園の伝統の火を絶やさないように努力しなければならない。

⑳明日の保育のために、A4版の画用紙を用意した。

㉑5才児クラスを引卒して行った公園は、安全な場所であった。

㉒同僚から受け負った印刷を忘れていたので、混乱を紹いてしまった。

㉓園外でのジャガイモ堀りの様子を、主任に遂一報告した。

㉔私が出発の相図をしたので、園のバスが除行しながら走り出した。

㉕隣のクラスと一諸になると話したら、子どもたちは興味深々だった。

㉖家庭訪問で子どもの家を尋ね、保護者と意志疎通を図ることができてよかった。

㉗たくさんの保護者に応待したので、私はとても気を使った。

㉘強調性に欠けた人なので、人事移動で降格となってしまった。

㉙以外な結果に大喜びして、有頂点になってしまっていた。

㉚保護者から色どりのよいサツマイモを届けていただき、好意に感謝した。

❖演習問題❖ 「⑧差別語」

次の文章中の不適切な表現に下線を引き、正しく直しなさい。

①クラスにいる外人の子がツッパリで、すぐ友達にいちゃもんをつけて困る。

②片親のAくんは、思い通りにならないとすぐずらかってしまう。

③父兄が百姓を営んでいる子どもにも知らせないと、片手落ちになるはずだ。

④園長先生がめくら判を押したので、保護者からいかさまだと抗議された。

⑤知恵後れでどもりの子どもを、皆がおちょくってやばい状態に陥っている。

❖演習問題❖ 「⑨重複表現」

次の文章の重複表現に下線を引き、正しく直しなさい。

①大きな地震で、子どもが騒ぎ出すという突然のハプニングが起きた。

②毎日曜日ごと、背の低いちびっ子が集まってサッカーをしていた。

③来年の四月から、幼い幼児の世話をする。

④黒い雲が出たら、突然の豪雨、まもなく落雷が落ちた。

⑤英会話の先生は、日本に何度も来日していた。

⑥秋の運動会が、あと十日後に迫ってしまった。

学　　　年	クラス	番　　号	氏　　名

⑦豪雨のために、園庭が水で冠水してしまっている。

⑧家を早く出たので、幼稚園に一番最初に着いた。

⑨今年の元旦の朝、神社に初詣に行った。

⑩無口な桃子さんが、やっと返事を返した。

⑪台風が来たので、園の果樹園が被害を被った。

⑫過半数を超える子どもが、インフルエンザにかかった。

⑬身に覚えのない噂を流され、不快感を覚えた。

⑭A先生は、来月、ハワイで挙式を挙げる

⑮風邪を引いたようで、頭痛が痛くて困っている。

⑯運転がうまいと過信しすぎるから危ないのだ。

⑰出席できるように、あらかじめ予定しておいた。

⑱それは違うと、大きな声ではっきり断言した。

⑲叱らない保育が、一番ベストである。

⑳必要な予算は、大体100万円程度だと思う。

♣演習問題♣ 「⑩実習日誌」 86〜87ページの実習日誌を書写してみよう。

実 習 日 誌 （※時系列タイプの日誌)

		天候	出勤		実習学級		指導者印	
			退勤					

本 日 の 保 育 の ね　　ら　　い	

本 日 の 実 習 生 の ね　　　ら　　　い	

時間	主な活動	子ども（☆）と保育者（・）の様子	実習生のかかわり

学　　年	ク ラ ス	番　　号	氏　　名

時間	主な活動	子ども（☆）と保育者（・）の様子	実習生のかかわり
（省略）			

考察・反省事項など

時間	主な活動	子ども（☆）と 指導者所見	実習生のかかわり
（省略）			

❖演習問題❖ 「⑪指導計画」 91〜92ページの指導計画を書写してみよう。

1 日 実 習 指 導 案

		担 任	
	ねらい		

時間	環境構成	予想される活動	保育者の援助と留意点

学　年	ク ラ ス	番　号	氏　名

時間	環境構成	予想される活動	保育者の援助と留意点
時間	環境構成	予想される活動	保育者の援助と留意点

❖演習問題❖ 「⑫実習礼状」　先生の指示にしたがって、実習礼状を書こう。

学　　年	ク ラ ス	番　　号	氏　　名

♣ 演習問題 ♣ 「⑬封筒」

98ページを参考に実習礼状を送る相手あての、封筒を書こう。

学　　年	ク　ラ　ス	番　　号	氏　　名

❖ 演習問題 ❖ 「⑭ハガキ」

次の条件に基づいて、お礼のハガキを書こう。

あて先：〒100-1000　東京都中央区宮代町1-2-3　田中一郎あて

条　件：あなたが真心保育園の採用試験に合格し、叔父の田中さんからお祝いに5000円の図書カード
　　　　をいただいた。

✤ 演習問題 ✤ 「⑮年賀状」

102ページを参考に次の条件に基づいて、年賀状を書こう。

あて先：〒012-3456　東京都中央区宮代町7-8-9　宮代保育園　園長　横山良子あて
条　件：卒業年次の12月に、就職内定先の園長あての年賀状を書く。

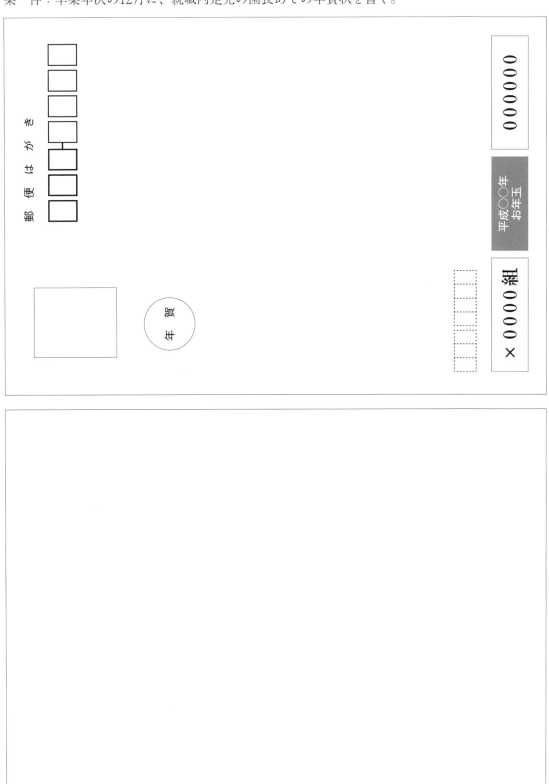

学　年	クラス	番　号	氏　名

❖演習問題❖ 「⑯往復ハガキ」

103ページを参考に次の条件に基づいて、往復ハガキの返事を書こう。

条　件：高等学校のクラス会が勤務している園の行事と重なり、欠席する。園の行事は自由に設定してよい。

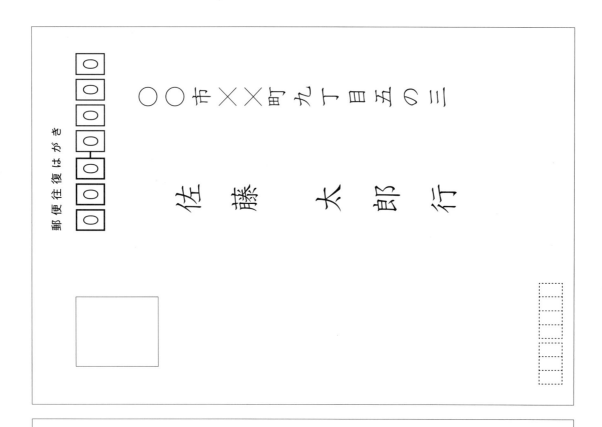

✿ 演習問題 ✿ 「⑰メール」

(1) 保育実習中と仮定して、実習先の主任あてにスマートフォンや携帯電話から送信するメールを次の条件で書こう。指示された条件を満たし、それ以外は自由に設定しても構わない。

＊列車事故が発生　＊復旧の見込みはわからない　＊午前中の実習はキャンセル

(2) 保護者の携帯電話あてのEメールを下の条件で書こう。指示された条件を満たし、それ以外は自由に設定して構わない。

＊本日、インフルエンザによる欠席が急増　＊明日からの登園は慎重に判断を

学　　年	ク　ラ　ス	番　　号	氏　　　名

♣ 演習問題 ♣ 「⑱自己分析」

履歴書を書くために自己分析をしてみよう。

①趣味（２つ挙げ、具体的な理由も書くこと）

②特技

③今まで取得した免許・資格（正式名称で書くこと）

④卒業までに取得見込みの免許・資格（正式名称で書くこと）

⑤自分の性格でよいと思う点を３つ挙げなさい。

　　・
　　・
　　・

⑥自分の性格で悪いと思う点を３つ挙げ、どのような改善の努力をしましたか？

　　・
　　・
　　・

⑦５年後のあなたは、どうなっていたいと思いますか？

❖ 演習問題 ❖ 「⑲自己アピール」

履歴書とともに郵送する就職小論文を想定して、「自己アピール」という題で400字で書こう。

（読書㎝原稿用紙）

学　　年	クラス	番　　号	氏　　名

履歴書とともに郵送する就職小論文を想定して、「自己アピール」という題で400字で書こう。

♣ 演習問題 ♣ 「⑳履歴書」

110～111ページを参考に、あなたの卒業6カ月前の履歴書を書こう。

履 歴 書

平成　年　月　日

ふりがな	
氏名　　　　　　　　　　　　　　　　　　　　　㊞	写真を貼る位置 縦4㎝×横3㎝の写真を使用してください。

平成　　年　　月　　日生(満　　歳)	性別　　男　女

ふりがな	
現住所	〒　　　－

固定電話　　（　　） 　　　携帯電話　　（　　）　　　　メールアドレス

年	月	学歴・職歴（各別にまとめて書く）

年	月	免許・資格・修了証

実習経歴

実習期間	実習先（市区町村名）

特技	健康状態
得意科目	趣味
学友会・クラブ活動等歴	スポーツ

志望動機

自己PR

通勤時間	扶養家族（配偶者を除く）	配偶者	配偶者の扶養義務
約　　時間　　分	人	有 ・ 無	有 ・ 無

連絡先　（現住所以外に連絡を必要とする場合のみ記入）

〒　　－　　　　　　　　　　　　　　　　　　　　　　　電話　　（　　）

❖演習問題❖ 「㉑履歴書送り状」

109ページを参考に、あなたの就職試験の履歴書に添える送り状を書きなさい。

❖ 演習問題 ❖ 「㉒保育に関する社説の書写」

122〜124ページの社説を１つ選んで書写してみよう。

(横書き原稿用紙)

学　　　年	ク　ラ　ス	番　　号	氏　　　名

122〜124ページの社説を１つ選んで書写してみよう。

（横書き原稿用紙）

（横書き原稿用紙）

学　　年	ク　ラ　ス	番　　号	氏　　名

（横書き原稿用紙）

❖ 演習問題 ❖ 「㉓小論文」

先生の指示にしたがって、800字の小論文を書いてみよう。

（縦書き原稿用紙）

学　年	ク　ラ　ス	番　号	氏　名

♣ 演習問題 ♣ 「㉔連絡帳」

(1) 以下の条件に基づいて、1歳児の連絡帳を書いてみよう。

＊5月10日（水）

＊持たせてほしい品物：Tシャツ1枚

＊給食は牛乳を半分残した

＊午睡は13：00から50分間

＊排便なし

＊連絡事項：ブランコから降りるとき、膝を少しすりむいた。園ですぐに消毒した。入浴後にもう一
　　　　　度消毒してほしい。

5月 10日（水）	検温 36.2℃	睡眠 20：30 ～ 6：30 （ 9 ）時間（ 30 ）分
家庭からの連絡	健康状態 ⟨普通⟩ その他	入浴 ⟨あり⟩・なし
		夕食：メニュー　ご飯、野菜スープ、ハンバーグ、リンゴ、麦茶
		朝食：メニュー　納豆ご飯、豆腐のみそ汁、ほぐした焼魚、野菜ジュース
		排便　夜 ⟨あり⟩・なし　⟨普通⟩・その他 ）
		朝　あり・⟨なし⟩　（普通・その他 ）
		連絡事項
		朝食は完食しました。朝から食欲おう盛で助かります。
		昨晩は24：00ごろに起きて、30分くらい泣いていましたが、
		泣きやむとスーッと寝てしまいました。
園からの連絡	月　日（　）	給食　よく食べた
		残した　（ ）
	持たせて ほしい品物	午睡　　：　～　：　（　）時間（　）分
		排便　あり・なし　（普通・その他 ）
		連絡事項

学　　年	ク　ラ　ス	番　　号	氏　　名

(2) 以下の条件に基づいて、3歳児以上の連絡帳を書いてみよう。

＊10月13日（月）
＊登園後は元気
＊いつもとほぼ同じ様子・薬は飲ませた

10 月　*13* 日　*月* 曜		担任確認印　　㊞
家庭からの連絡	子どもの様子	昨日は、風邪による発熱で38℃もありましたので、お休みしました。お医者さんに診てもらったところ、すぐに下がるから心配は要らないとのことでした。今朝は平熱になったので登園させます。
	園へのお願い	飲み薬、お弁当と一緒にありますので、食後飲ませてください。よろしくお願いいたします。
月　　　日　　曜		保護者確認印
園からの連絡	子どもの様子	
	家庭へのお願い	

※幼稚園・保育所によっては投薬を認めていない場合もある。

演習問題《解答編》

【①敬語】解答例

(1)

①ケガさせて（しまって）、（申し訳ありません）。

②○○先生に（伝えておきます）。

③太郎くんの病状、（いかがでしょうか）？

④園長先生は（不在です）または（席を外しております）。

⑤その件、（承知いたしました）または（かしこまりました）。

(2)

①どうぞ、お名前をおっしゃってください。※「申す」は自分に使う謙譲語である。

②パンダ組の保育室もご覧ください。※「拝見」は自分に使う謙譲語である。

③主任、太郎くんのお母さんがお見えです（おいでです、いらっしゃっています）。※保護者に対しては尊敬語を使用したい。

④ウサギにえさをやらないでください。※動植物などに対しては尊敬・謙譲語は用いない。

(3)

①園長先生！　準備ができましたので（ご覧）いただけませんか？

②園長先生は何を（召し上がる）のですか？

③卒園の記念品を出口で（お受け取り）ください。

④お母さん！　園に（いらっしゃって）いただけませんか？

【②自己紹介】解答例　　　　　　　——省略——

【③平仮名／片仮名】解答例　　　　　——省略——

【④教育漢字】解答例　　　　　　　——省略——

【⑤現代表記】解答例

　実習から戻った先輩が「沢山（たくさん）、辛いこともあるが、来年は是非（ぜひ）頑張って」と励ましてくれた。私達（たち）

も来年は学外実習に行く事（こと）になっている。今から少しづつ（ずつ）準備をして、先輩の様（よう）になりたいと思う。

その為（ため）には、予め（あらかじ）実習先を見学するのが１つの方法である。又（また）、ピアノの練習も長目（め）にしなくてはな

らない。

【⑥誤用しやすい用語】解答例

①一姫二太郎：「最初の子どもが女で、次が男」という意味。昔、家の跡取りは長男という風潮が強かった。1人目が女の子だった人をなぐさめる言い方で、女1人、男2人、計3人の子どもを指すのではない。

②情けは人のためにならず：情けをかけると、その人のためにならないは誤り。「人に情けをかけておけば、やがて自分が困ったときによい報いがある」が正しい。

③気が置けない人：油断ならない人は逆の解釈。「心配する必要がないくらい、気心の知れている相手」に使う。

④小春日和：小春は「陰暦10月」の別称。2、3月の温暖な日には用いない。

⑤住めば都：「住み慣れれば、どんな土地でも住みやすくなる」という意味。便利な場合には使わない。

【⑦当て字】解答例

①裁 → 栽	②狂 → 凶	③技 → 戯	④合 → 会
⑤関 → 感	⑥長 → 徴	⑦議 → 義	⑧倒 → 到
⑨遅 → 後	⑩児 → 時	⑪漫 → 満	⑫位 → 意
⑬平 → 並	⑭普段 → 不断	⑮信 → 審	⑯死 → 至
⑰揚 → 上	⑱影 → 陰	⑲火 → 灯	⑳版 → 判
㉑才 → 歳、卒 → 率	㉒受 → 請、紹 → 招	㉓堀 → 掘、遂 → 逐	㉔相 → 合、除 → 徐
㉕諸 → 緒、深 → 津	㉖尋 → 訪、志 → 思	㉗待 → 対、使 → 遣	㉘強 → 協、移 → 異
㉙以 → 意、点 → 天	㉚色ど → 彩、好 → 厚		

【⑧差別語】解答例

①クラスにいる外人の子がツッパリで、すぐ友達にいちゃもんをつけて困る。
外国人　　虚勢を張って　　　　言いがかり

②片親のAくんは、思い通りにならないとすぐずらかってしまう。
母子家庭（または父子家庭）　　　　　逃げてどこかに行って

③父兄が百姓を営んでいる子どもにも知らせないと、片手落ちになるはずだ。
保護者　農業　　　　　　　　　　不公平

④園長先生がめくら判を押したので、保護者からいかさまだと抗議された。
よく確かめないで押印した　　　いんちき

⑤知恵遅れでどもりの子どもを、皆がおちょくってやばい状態に陥っている。
知的障害　吃音　　　　からかって、まずい

【⑨重複表現】解答例

①大きな地震で子どもが騒ぎ出すという突然のハプニングが起きた。
　　　　　　　　　　　　　　　トル

②毎日曜日ごと、背の低いちびっ子が集まってサッカーをしていた。
　　　　　　トル　トル

③来年の四月から、幼い幼児の世話をする。
　　　　　　　　トル

④黒い雲が出たら、突然の豪雨、まもなく<u>落雷</u>が落ちた。
　　　　　　　　　　　　　　　　　　トル

⑤英会話の先生は、<u>日本に</u>何度も来日していた。
　　　　　　　　　トル

⑥秋の運動会が、<u>あと</u>十日<u>後</u>に迫ってしまった。（点線を付した「後」をトルでも正解）
　　　　　　　トル

⑦豪雨のために、園庭が<u>水で</u>冠水してしまっている。
　　　　　　　　　　トル

⑧家を早く出たので、幼稚園に一番<u>最初</u>に着いた。
　　　　　　　　　　　　　　　　トル

⑨今年の元旦の<u>朝</u>、神社に初詣に行った。
　　　　　　　トル

⑩無口な桃子さんが、やっと返事を<u>返</u>した。
　　　　　　　　　　　　　　　　トル

⑪台風が来たので、園の果樹園が被害を<u>被</u>った。
　　　　　　　　　　　　　　　　　受けた

⑫<u>過半数を超える</u>子どもが、インフルエンザにかかった。（点線を付した「過」をトルでも正解）
　　　　　の

⑬身に覚えのない噂を<u>流され</u>、不快感を覚えた。
　　　　　　　　　　に

⑭A先生は、来月、ハワイで<u>挙式を挙げる</u>。（点線を付した「挙」をトルでも正解）
　　　　　　　　　　　　　する

⑮風邪を引いたようで、<u>頭痛</u>が痛くて困っている。
　　　　　　　　　　　トル

⑯運転がうまいと<u>過信しすぎる</u>から危ないのだ。
　　　　　　　　する

⑰出席できるように、<u>あらかじめ</u>予定しておいた。
　　　　　　　　　トル

⑱それは違うと、大きな声で<u>はっきり</u>断言した。
　　　　　　　　　　　　　トル

⑲叱らない保育が、<u>一番ベスト</u>である。（点線を付した「ベスト」をトルでも正解）
　　　　　　　　トル

⑳必要な予算は、<u>大体</u>100万円<u>程度</u>だと思う。（点線を付した「大体」をトルでも正解）
　　　　　　　トル

【⑩実習日誌】解答例　　　　　　　　——省略——

【⑪指導計画】解答例　　　　　　　　——省略——

【⑫実習礼状】解答例　　　　　　　　——省略——

【⑬封筒】解答例　　　　　　　　　　——省略——

【⑭ハガキ】解答例

郵便はがき

100-1000

田中 一郎 様

東京都中央区宮代町一の二の三

山形県米沢市下郷四四三九

佐藤 勇太

999999

拝啓
師走も近づき、米沢はすっかり冬景色となりました。
叔父様にはお変わりなくお過ごしのことと存じます。
このたびは、私が真心保育園に内定しましたお祝いに
図書カードをお送りくださいまして、ありがとうございました。
保育に役立つ本の購入に使わせていただきます。
四月から立派な保育士になれますよう頑張りますので、
今後ともよろしくご指導のほどお願い申し上げます。
東京も寒いことと存じます。くれぐれもご自愛ください。
とりあえず御礼まで。

十一月二十九日

敬具

【⑮年賀状】解答例　　　　　　　　　　——省略——

【⑯往復ハガキ】解答例　　　　　　　　——省略——

【⑰メール】解答例

（1）

おはようございます。実習生の鈴木花子です、突然のメールで失礼いたします。現在、私は園に向かう電車の中におります。列車事故で止まってしまい復旧の見込みは知らされておりません。別のルートで向かいますので、午前中の実習はお休みさせていただけますでしょうか。不足分は後日お願いしたいと思いますので、よろしくお願いいたします。

（2）

保護者のみなさまへ：さくら幼稚園からのお知らせです。本日（12/15）、インフルエンザによる欠席が、半数近くの園児に達しました。明日以降も欠席は続くと思われます。早めの受診と休養をお勧めします。明日からの登園は慎重な判断をお願いいたします。くれぐれもお大事にしてください。よろしくお願いいたします。

【⑱自己分析】解答例　　　　　　　　　——省略——

【⑲自己アピール】解答例　　　　　　　——省略——

【⑳履歴書】解答例　　　　　　　　　　——省略——

【㉑履歴書送り状】解答例 ——省略——

【㉒保育に関する社説の書写】解答例 ——省略——

【㉓小論文】解答例 ——省略——

【㉔連絡帳】解答例

（1）1歳児の連絡帳の解答例は以下の通り。

	5 月 10 日（水）	検温 36.2 ℃　　睡眠　20：30　～　6：30　（ 9 ）時間（ 30 ）分
家庭からの連絡	健康状態 （普通） その他	入浴 （あり）・なし
		夕食：メニュー　ご飯、野菜スープ、ハンバーグ、リンゴ、麦茶
		朝食：メニュー　納豆ご飯、豆腐のみそ汁、ほぐした焼魚、野菜ジュース
		排便　夜 （あり）・なし （普通）・その他　　　　　　　　　　） 　　　朝　あり・（なし）（普通・その他　　　　　　　　　　　）
		連絡事項 朝食は完食しました。朝から食欲おう盛で助かります。 昨晩は24：00ごろに起きて、30分くらい泣いていましたが、 泣きやむとスーッと寝てしまいました。
	5 月 10 日（水）	給食　よく食べた 　　　残した （牛乳を半分　　　　　　　　　　　　　　　　　　）
園からの連絡	持たせて ほしい品物 Tシャツ1枚をお願いします。	午睡　1：00　～　1：50　（　）時間（ 50 ）分
		排便　あり・（なし）（普通・その他　　　　　　　　　　　　　　）
		連絡事項 　朝、ブランコから降りるとき、膝を少しすりむいてしまいました。「痛くない、大丈夫」とのことでしたが、園ですぐに消毒しました。念のため、お手数でもお風呂上がりに一度消毒していただけないでしょうか。 よろしくお願いいたします。

※けがなどについては、適切に処置したことを報告したい。
※家庭で消毒の件は、ていねいにお願いすること。

（2）3歳児の連絡帳の解答例は以下の通り。

	10 月　13 日　月 曜	担任確認印　（印）
家庭からの連絡	子どもの様子	昨日は、風邪による発熱で38℃もありましたので、 お休みしました。お医者さんに診てもらったところ、 すぐに下がるから心配は要らないとのことでした。 今朝は平熱になったので登園させます。
	園へのお願い	飲み薬、お弁当と一緒にありますので、 食後飲ませてください。 よろしくお願いいたします。
	10 月　13 日　月 曜	保護者確認印　（印）
園からの連絡	子どもの様子	登園後は、いつもの通り元気にしていましたので、 ご安心ください。クラスのお友達も元気な顔を見て 「よかったね」と言っていました。 　お弁当の後、飲み薬は水で飲ませました。
	家庭へのお願い	まだ油断はできませんので、 早めに就寝させてくださるようお願いいたします。

著者紹介

田上　貞一郎 (たがみ　ていいちろう)

1948年（昭和23年）茨城県に生まれる。福島学院大学短期大学部保育学科元教授。
生活信条は「今日できることは、今日やる」

著　　書　『管理栄養士・栄養士になるための国語表現』（共著・萌文書林）
　　　　　『新訂　保育内容指導法「言葉」』（共著・萌文書林）
　　　　　『文章表現と会話』（共著・双文社出版）
　　　　　『保育内容指導法・言葉』（共著・双文社出版）
　　　　　『自分史の書き方つくり方』（ライブ出版）
　　　　　『自分史の美学とタブー』（近代文芸社）
　　　　　『「新聞投稿」達人教本』（廣済堂出版）
　　　　　『就職に役立つ　日本語表現法』（萌文書林）

●本書の内容の一部または全部を無断で複写・複製、転記・転載することは、法律で
認められた場合を除き著作者および出版社の権利の侵害となります。本書からの複写・
複製、転記・転載をご希望の際は、あらかじめ小社あてに許諾をお求めください。

DTP制作　今吉　陽子、木村　友紀、石元　沙織
イラスト　鳥取　秀子
装　　丁　永井　佳乃

改訂 保育者になるための国語表現

2010年12月1日　初版第1刷発行
2017年4月1日　初版第9刷発行
2018年4月1日　改訂版第1刷発行
2024年4月1日　改訂版第7刷発行

著　　　者　田　上　貞一郎
発　行　者　服　部　直　人
発　行　所　㈱ 萌 文 書 林
　　　　　　〒113-0021　東京都文京区本駒込6-15-11
　　　　　　TEL 03（3943）0576
　　　　　　FAX 03（3943）0567
　　　　　　https://www.houbun.com
　　　　　　info@houbun.com

印刷・製本　モリモト印刷株式会社　　　　　　　　　　　　〈検印省略〉

●落丁・乱丁本は弊社までお送りください。送料弊社負担でお取り換えいたします。

ISBN 978-4-89347-304-2 C3037　　©2010 TEIICHIRO TAGAMI　　Printed in Japan